Gebäudeenergiegesetz (GEG)

Der Wegweiser zum neuen „Heizungsgesetz“

Vorwort

Diese informative Broschüre bietet einen umfassenden Leitfaden zu den Änderungen des Gebäudeenergiegesetzes zum 1.1.2024. Sie richtet sich insbesondere an Planer wie Architekten, TGA-Fachplaner und Energieberater und dient als wertvolle Arbeitsunterlage für die Verwaltung und das Schornsteinfegerhandwerk, um bei Beratungen und der Kontrolle der Anforderungen gemäß dem Gebäudeenergiegesetz zu unterstützen.

Auch für Hauseigentümer und Mieter bietet sie wertvolle Tipps.

Die Broschüre behandelt nicht nur die Anforderungen an den Neubau, sondern legt auch einen besonderen Fokus auf die Vorgaben zur Sanierung von Wohn- und Nichtwohngebäuden. Ein weiterer Schwerpunkt liegt auf der praxisorientierten Umsetzung der neuen Anforderungen in Bezug auf den Einsatz Erneuerbarer Energien und die Heizungserneuerung.

Schließlich klärt die Broschüre über die neuen Förderrichtlinien auf und gibt wertvolle Tipps zu Fördermöglichkeiten und ihrer Beantragung.

St. Augustin, im Januar 2024

Dr. Julian Schwark
Vorstand Energie
Bundesverband des Schornsteinfegerhandwerks

Torsten Arndt
Hauptgeschäftsführer
Bundesverband des Schornsteinfegerhandwerks

Inhaltsverzeichnis

1 Einführung

a) Hintergrund des Gebäudeenergiegesetzes 2024

Das Gebäudeenergiegesetz 2024 (GEG) markiert einen bedeutenden Schritt in den nationalen Bemühungen, die Energieeffizienz im Gebäudebereich zu steigern und einen Beitrag zum Klimaschutz zu leisten. Die Herausforderungen des Klimawandels erfordern, dass Maßnahmen ergriffen werden, um den Energieverbrauch zu reduzieren und den Einsatz Erneuerbarer Energien zu fördern. Der Gebäudesektor spielt in diesem Zusammenhang eine entscheidende Rolle, da er einen erheblichen Anteil am Energieverbrauch und den damit verbundenen CO_2-Emissionen hat. Das GEG ist das Ergebnis intensiver politischer Debatten und war seit dem ersten Entwurf im März 2023 präsent in der öffentlichen Aufmerksamkeit. Es wurde als „Heizungsgesetz" in der Bevölkerung bekannt, mit einer Vielzahl an medialen und politischen Diskussionen. Es berücksichtigt die Erfahrungen und Erkenntnisgewinne aus aktuellen politischen Ereignissen wie bspw. dem Ukrainekrieg, bindet Forderungen aus der europäischen Ebene bzgl. des Klimawandels ein und spiegelt die aktuellen Erkenntnisse im Bereich der Energieeffizienz und Erneuerbaren Energien wider.

Im Zentrum dieses Gesetzes steht die Förderung von Energieeffizienzmaßnahmen in Gebäuden. Es werden klare Standards für neue Gebäude festgelegt und Anreize zur energetischen Sanierung bestehender Gebäude geschaffen, um den Energieverbrauch zu senken und die Umweltbelastung zu reduzieren. Eine weitere wichtige Zielsetzung – und aktuell Kern des Gesetzes – ist die verstärkte Integration Erneuerbarer Energien in den Gebäudebereich. Der Einsatz von Solarenergie, Geothermie und anderen nachhaltigen Energiequellen soll gefördert werden, um die Abhängigkeit von fossilen Brennstoffen zu verringern und die Umstellung auf erneuerbare Ressourcen zu beschleunigen. Wirtschaftlichkeit spielt in diesem Kontext eine entscheidende Rolle. Es ist bekannt, dass finanzielle Überlegungen für viele Menschen und Unternehmen von großer Bedeutung sind. Daher wurde das Gesetz und die damit untrennbar verbundene Förderkulisse im Rahmen der Bundesförderung für effiziente Gebäude (BEG) so gestaltet, dass die Investition in Energieeffizienz langfristige, wirtschaftliche Vorteile bietet und die Gesamtkosten im Rahmen bleiben.

In den folgenden Abschnitten zum GEG finden sich detaillierte Informationen zu den Bestimmungen und Zielen. Dieses Gesetz wird als eine wichtige Maßnahme zur Förderung der Nachhaltigkeit und des Umweltschutzes betrachtet. Gemeinsam kann ein Beitrag zum Klimaschutz geleistet werden, um eine lebenswerte Zukunft für kommende Generationen zu gestalten.

b) Zielsetzung der Broschüre

Die vorliegende Broschüre soll die Öffentlichkeit, Bauherren, Immobilienbesitzer sowie Fachleute im Bauwesen über die Bestimmungen und Anforderungen des Gesetzes aufklären. Das Ziel ist es, ein besseres Verständnis für die neuen Vorschriften und deren Auswirkungen zu schaffen.

Bauherren sowie Gebäudeeigentümer sollen mit den Informationen ausgestattet werden, die sie benötigen, um sicherzustellen, dass ihre Gebäude den Anforderungen des GEG entsprechen. Das Bewusstsein für die Bedeutung von Energieeffizienz und nachhaltigem Bauen soll geschärft werden und es soll dazu ermutigen, energieeffiziente Maßnahmen in ihren Bauprojekten umzusetzen.

Finanzielle Vorteile von energieeffizienten Gebäuden sollen hervorgehoben werden wie zB geringere Energiekosten und eine verbesserte, langfristige Rentabilität. Zusätzlich sollen klare Informationen über die gesetzlichen Anforderungen des GEG und etwaige Fristen für die Einhaltung dieser Anforderungen geliefert werden.

2 Überblick über das Gebäudeenergiegesetz 2024

*Zum 1.1.2024 wurde die **65 %-Regel** für Neubauten in Neubaugebieten eingeführt. Hierbei kann auch die Biomasse als Brennstoff weiterhin eingesetzt werden. Für Heizungen in Neubauten außerhalb von Neubaugebieten und in Bestandsgebäuden treten ergänzende Regelungen bzgl. Erneuerbarer Energien erst in Kraft, sobald die Fristen für **kommunale Wärmepläne** abgelaufen sind. Große Kommunen mit über 100.000 Einwohnern müssen ihre Wärmepläne bis zum 30.6.2026 vorlegen und kleinere Kommunen bis zum 30.6.2028. Sollte keine Wärmeplanung bis zu diesen Fristen vorliegen, werden Regelungen getroffen, als ob eine solche Planung existiert. Bei einem Heizungsaustausch zwischen dem 1.1.2024 und dem Inkrafttreten der 65 %-Regel in einer Kommune sind Gas- und Ölheizungen weiterhin erlaubt. Jedoch gibt es Auflagen, die einen steigenden Anteil **Erneuerbarer Energien** bis 2040 vorschreiben. Hierfür wurden im GEG für alle Erfüllungsoptionen individuelle Übergansfristen definiert. Es gibt spezifische Regelungen und Ausnahmen für den Betrieb von Heizkesseln, insbesondere in Bezug auf ihr Installationsdatum. Das allgemeine Enddatum für die Verwendung fossiler Brennstoffe in Heizungen ist der 31.12.2044 (s. auch Abb.1: Erfüllungswege um 65 % Erneuerbare Energie Anteil zu erfüllen).*

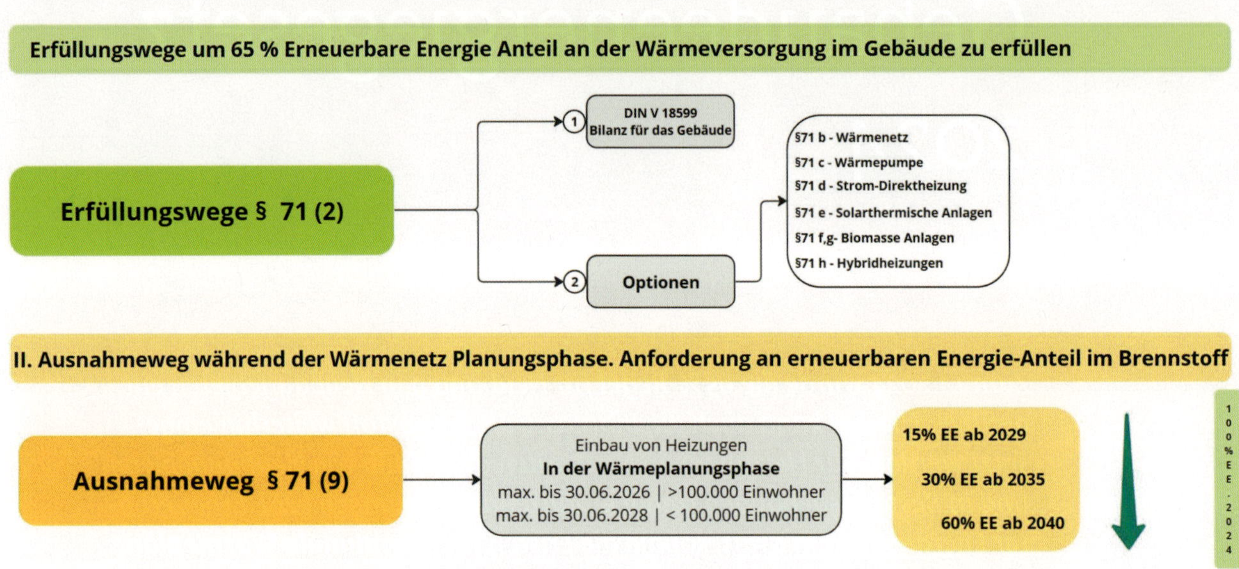

Abb. 1: 65 % Erneuerbare-Energie-Anteil an der Wärmeversorgung (Quelle: ZIV)

a) Wesentliche Änderungen und Neuerungen

In diesem Kapitel werden die wesentlichen Änderungen und Neuerungen im Kontext der Energie- und Heizungsregelungen vorgestellt, die ab dem 1.1.2024 gelten werden. Insbesondere wird die Einführung der 65 %-Regel für Neubauten in Neubaugebieten und die Bedeutung von Biomasse als Energiequelle behandelt. Darüber hinaus werden die Anforderungen und Fristen für kommunale Wärmepläne erläutert und die speziellen Regelungen und Ausnahmen für den Betrieb von Heizkesseln beschrieben. Schließlich wird der Anwendungsbereich des Gesetzes dargestellt, wobei bestimmte Gebäude- und Anlagentypen von spezifischen Regelungen ausgenommen sind.

Regelungen:

- Die EE65-Anforderung – dh: eine Heizungsanlage muss mit mindestens 65 % Erneuerbaren Energien betrieben werden, § 71 GEG – wird ab dem 1.1.2024 schrittweise eingeführt und gilt zuerst ausschließlich für **neue Gebäude in Neubaugebieten,** mit Bauantrag ab dem 1.1.2024.
- Auch feste Biomasse darf weiterhin im **Neubau** eingesetzt werden – allein oder auch „hybrid", also kombiniert mit anderen Wärmequellen bzw. -erzeugern.
- Für **bestehende Gebäude** und **Neubauten im Lückenschluss** (gemeint sind zB Baulücken im Umfeld bestehender Gebäude) hat die kommunale Wärmeplanung noch Vorrang vor der EE65-Anforderung. Für diese sind, abhängig von der Größe der Kommune, Fristen festgelegt worden, ab denen die kommunale Wärmeplanung abgeschlossen sein muss. Spätestens danach gilt wieder die EE65-Anforderung. Wird ab dem 1.1.2024 und vor dem Inkrafttreten der EE65-Anforderung eine Heizung ausgetauscht, dürfen weiterhin Gas-, Flüssiggas- und Ölheizungen in Betrieb genommen werden. Allerdings dürfen diese nur dann über das Jahr 2028 hinaus betrieben werden, wenn der verwendete Energieträger ab den folgend genannten Stichtagen Mindestanteile biogener bzw. nicht-fossiler Komponenten enthält: 15 % ab dem 1.1.2029, 30 % ab 2035 und 60 % ab 2040.
- Wenn sich verantwortliche Personen (also Eigentümer, Genossenschaften oder Verwaltungen) für den Anschluss an ein **Wärmenetz** (oder Wasserstoffnetz) entscheiden und vorab einen Versorgungsvertrag mit den Netzbetreiber abschließen, entfällt die zuvor genannte Pflicht zum Einsatz von Mindestanteilen biogener bzw. nicht-fossiler Komponenten. Bis

zum verpflichtenden Anschluss durch den Netzbetreiber gibt es keine Anforderungen an den Einsatz von Erneuerbaren Energien. Erlischt der Vertrag zum Anschluss an ein Wärme- oder Wasserstoffnetz, muss in solch einem Fall die EE65-Anforderung binnen drei Jahren vollumfänglich erfüllt werden.

- Das aus dem bisherigen Gebäudeenergiegesetz bekannte **Betriebsverbot** für Heizkessel, die vor dem 1.1.1991 errichtet wurden oder älter als 30 Jahre sind, bleibt bestehen. Diese Heizkessel dürfen nicht mehr betrieben werden. Davon ausgenommen sind nach wie vor Niedertemperatur- und Brennwert-Heizkessel, sowie Anlagen, deren Nennleistung unter vier oder über 400 kW liegt. Beibehalten wurde die bestehende Ausnahmeregelung für selbstgenutztes Wohneigentum, wenn dies aus nicht mehr als zwei Wohneinheiten besteht. Hinzugekommen ist, dass ein Weiterbetrieb solch einer Heizungsanlage bis längstens 2045 möglich ist, wenn diese durch eine Heizungsanlage ergänzt wird, mit der dann die EE65-Anforderung erfüllt wird, oder wenn diese Heizungsanlage fortan mit biogenen Energieträgern betrieben wird.

⚠ ACHTUNG

Die hier genannten EE65-Anforderungen gelten auch nicht für Heizungsanlagen, die vor dem 19.4.2023 beauftragt wurden und bis zum 18.10.2024 eingebaut werden.

Auch Bestandsanlangen sind nicht von den EE65-Anforderungen betroffen und dürfen längstens bis zum 31.12.2044 weiterbetrieben und wenn nötig repariert werden.

- Wer sich ab dem 1.1.2024 für den **Austausch** einer **Heizungsanlage** entscheidet, die mit einem festen, flüssigen oder gasförmigen Brennstoff betrieben wird, ist verpflichtet, ein Beratungsgespräch mit einer anerkannten, sachkundigen Beratungsperson (Schornsteinfeger, Installateure und Heizungsbauer, Kälteanlagenbauer, Ofen- und Luftheizungsbauer, Elektrotechniker, Energieberater (Energieeffizienz-Experten) und Personen, die zur Ausstellung eines Energieausweises berechtigt sind) durchzuführen, in dem dann auf mögliche EE65-Alternativen und deren wirtschaftliche Aspekte, wie zB die Zusatzkosten durch die CO_2-Bepreisung und weitere Risikofaktoren, eingegangen wird.
- Für neu eingebaute Wärmepumpen und alle anderen Heizungsanlagen, die mehr als sechs Wohneinheiten versorgen, gibt es nun eine **Überprüfungspflicht.** Näheres regeln die §§ 60a bis 60c GEG.

TIPP

Sprechen Sie mit einem ausgewiesenen Energieberater ihres Vertrauens, der Sie umfassend berät. Ihre anerkannte Beratungsperson finden Sie auf der Seite der Energie-Effizienz-Experten: www.energie-effizienz-experten.de. Oder sprechen Sie auf der Suche nach einem Energie-Effizienz-Experten Ihren Schornsteinfeger an.

b) Anwendungs- und Geltungsbereich des Gesetzes

In den Anwendungsbereich des GEG fallen Gebäude, die nach ihrer Zweckbestimmung beheizt oder gekühlt werden, einschließlich der Anlagen, die dieser Wärme- und Kältebereitstellung bzw. Klimatisierung dienen.

Ausgenommen vom GEG sind Anlagen von Produktionsprozessen, sowie deren Energiebedarf, wenn sie sich in oben genannten Gebäuden befinden.

Wenn es sich nicht um die Energetische Inspektion von Klimaanlagen handelt, die in §§ 74 bis 78 GEG behandelt werden, fallen die folgenden Gebäude nicht in den **Anwendungsbereich** des GEG:

- Betriebsgebäude, die überwiegend zur Aufzucht oder zur Haltung von Tieren genutzt werden,
- Betriebsgebäude, soweit sie nach ihrem Verwendungszweck großflächig und lang anhaltend offengehalten werden müssen,
- unterirdische Bauten,
- Unter-Glas-Anlagen und Kulturräume für Aufzucht, Vermehrung und Verkauf von Pflanzen,
- Traglufthallen und Zelte,

- Gebäude, die dazu bestimmt sind, wiederholt aufgestellt und zerlegt zu werden, und provisorische Gebäude mit einer geplanten Nutzungsdauer von bis zu zwei Jahren,
- Gebäude, die dem Gottesdienst oder anderen religiösen Zwecken gewidmet sind,
- Wohngebäude, die
  - für eine Nutzungsdauer von weniger als vier Monaten jährlich bestimmt sind oder
  - für eine begrenzte jährliche Nutzungsdauer bestimmt sind und deren zu erwartender Energieverbrauch für die begrenzte jährliche Nutzungsdauer weniger als 25 % des zu erwartenden Energieverbrauchs bei ganzjähriger Nutzung beträgt, und
- sonstige handwerkliche, landwirtschaftliche, gewerbliche, industrielle oder für öffentliche Zwecke genutzte Betriebsgebäude, die nach ihrer Zweckbestimmung
  - auf eine Raum-Solltemperatur von weniger als 12 °C beheizt werden oder
  - jährlich weniger als vier Monate beheizt sowie jährlich weniger als zwei Monate gekühlt werden.

Die genannten Gebäude und deren bautechnische Anforderungen befinden sich innerhalb anderer Rechtskreise. Mit dem expliziten Ausschluss kommt das GEG der Notwendigkeit entgegen, einzelne Kollisionsnormen für die verschiedenen Gebäudetypen aufzuzählen.

3 Anforderungen an den Neubau beim baulichen Wärmeschutz

Das GEG formuliert seit Anfang 2023 den Neubaustandard durch das ***Effizienzhaus 55****. Das Effizienzhaus 55 ist der zweithöchste Energieeffizienzstandard, der bis dato durch ein KFW-Förderprogramm gefördert wurde. Der* ***höchste Energieeffizienzstandard*** *ist heute das* ***Effizienzhaus 40*** *(sowie dessen KFN- und QNG-Varianten).*

Das Effizienzhaus 55 darf beim Primärenergiebedarf höchstens 55 % des EnEV 2009-Referenzhaus erreichen und höchstens 70 % bei dessen Transmissionswärmeverlusten.

In der Praxis bedeutet das, dass ein Effizienzhaus 55 nicht nur ideale Voraussetzungen für Wärmepumpen und wassergeführte Wärmeverteilsysteme bietet, sondern auch für luftbasierte Wärmeverteilsysteme, die aus zentralen Lüftungsanlagen, mit und ohne Wärmepumpe oder auch Klima-Split-Anlagen bestehen und auch durch elektrische Zusatzheizungen ergänzt werden können.

Deshalb wird für die ***EU-Gebäuderichtlinie (EPBD)*** *aktuell nicht in erster Linie über eine weitere Anhebung der Wärmeschutzanforderungen nachgedacht, sondern darüber, wie Treibhausgasemissionen über den Lebenszyklus des Gebäudes insgesamt verringert werden können.*

Der Kilmaschutz im Bereich der Gebäude soll zukünftig schon bei der Herstellung der Baustoffe ansetzen. So wird der Anreiz geschaffen, künftig noch mehr auf den Einsatz von nachhaltigen, nachwachsenden Baustoffen und Recyclingmaterial zu „bauen“. Die Grundlagen dafür werden vielleicht schon im Jahr 2024 geschaffen.

a) Energetische Anforderungen an Wohngebäude

Startpunkt

Der Gesetzgeber sieht für Gebäude, die neu gebaut werden, höchste Energieeffizienzstandards vor. Diese entsprechen beim **Gesamtenergiebedarf** dem heutigen KfW-Effizienzhaus 55, beim Höchstwert für die Wärmeverluste noch einem KfW-Effizienzhaus 85.

Neu hinzugekommen ist die Anforderung an die Nutzung von Erneuerbaren Energien durch die Heizungsanlagen, bzw. Anlagen zum Heizen und Kühlen von Gebäuden.

§ 10 des GEG zieht alle drei Punkte

- Gesamtenergiebedarf
- Wärmeverluste
- Erneuerbare Energien

zusammen und bildet den Startpunkt für die Anforderungen an Neubauten durch das GEG. Insbesondere sind folgende energetische Anforderungen zu beachten:

Mindestwärmeschutz

Der Mindestwärmeschutz dient der Herstellung und Aufrechterhaltung eines hygienischen und behaglichen Raumklimas. Dies geschieht vor allem durch das Verhindern der Unterschreitung der Wandtemperaturen an der Innenoberfläche von Außenwänden. So wird die Bildung von Kondensat an Wandoberflächen vermieden und in der Folge die Bildung von Schimmel an Wänden verhindert.

Für ein behagliches Raumklima spielen auch die Oberflächentemperaturen im Inneren von Wohnräumen eine Rolle. Denn der Mensch steht mit diesen Flächen im Strahlungsaustausch. Dem Wärmeempfinden ist ein möglichst geringer Temperaturunterschied (<3 K) zwischen der Raumlufttemperatur und der sog. Mittleren Strahlungstemperatur zuträglich.

Gleichzeitig kann eine zu hohe Feuchtigkeit am Bauteil dieses mittelfristig beschädigen. Daher ist der Mindestwärmschutz auch bei der Lebenserwartung der gesamten Baukonstruktion förderlich. ZB können im Leichtbau Gipskartonplatten ihre Festigkeit durch eine Durchfeuchtung verlieren und müssen in der Folge im schlechtesten Fall entsorgt werden. Dieses Beispiel verdeutlicht die Bedeutung des **Mindestwärmeschutz** im Bereich des effizienten Leichtbaus.

Die wichtigste Kenngröße beim Mindestwärmeschutz ist der Wärmedurchgangskoeffizient (heute als U-Wert bekannt). Dieser gibt den Wärmestrom (hier meist Wärmeverlust) pro Bauteilfläche und Temperaturdifferenz zwischen Innen- und Außenseite des Bauteils an.

Mit der Ablösung der Energieeinsparverordnung durch das GEG wurde der Mindestwärmeschutz durch die explizite Nennung der DIN 4108-3 ergänzt, mit der der Feuchteschutz garantiert wird (§ 11 GEG).

FÜR FACHLEUTE

Der Mindestwärmeschutz unterscheidet flächige Bauteile in homogene, inhomogene und transparente Bauteile. Bei Letzteren ist vor allem das Thema Wärmeschutz im Sommer gesondert zu betrachten.

Bei homogenen Bauteilen müssen diese mit einer flächenbezogenen Masse von unter 100 Kilogramm pro Quadratmetern einen Wärmedurchlasswiderstand des Bauteils von 1,75 $(m^2K)/W$ einhalten. Bei einer größeren flächenbezogenen Masse je nach Nutzung und Ausrichtung Werte zwischen 0,07 und 1,2 $(m^2K)/W$.

An inhomogene Bauteile werden zwei Anforderungen gestellt:

- Im Bereich des Gefachs muss ein Wärmedurchlasswiderstand von mindestens 1,75 $(m^2K)/W$ eingehalten werden und
- für das gesamte Bauteil muss im Mittel ein Widerstand von 1,0 $(m^2K)/W$ eingehalten werden.

Transparente (also zB Fenster) und teiltransparente Bauteile müssen im beheizten und niedrigbeheizten Bereich (Temperaturen zwischen 12 und 19 °C) einen Wärmedurchlasswiderstand von 1,2 $(m^2K)/W$ einhalten. Die Rahmen dürfen dabei keinen **schlechteren U-Wert nach DIN EN ISO 10077-1 als 2,9 aufweisen.**

Wärmebrücken

Wärmebrücken sind lokale abgegrenzte Stellen, an denen Wärmeverluste konstruktiv oder bauteilbedingt besonders hoch sind. Klassische **Wärmebrücken** können die Anschluss-/Verbindungsstellen von Fenstern oder Türen mit der Außenwand sein. Aber auch Wanddurchführungen (zB im Rahmen von Elektroinstallationen), Rollladenkästen älterer Bauart, oder auskragende, mit dem Gebäude verbundene Bauteile (wie Betondachüberhänge oder Balkonplatten) können erhebliche Wärmebrücken darstellen.

Der **Wärmedurchgangskoeffizient** an diesen Stellen ist besonders schlecht und die zuvor aufgezählten Probleme wie Feuchteschäden oder Schimmel können auftreten.

Durch die gestiegenen Anforderungen beim Wärmeschutz hat auch die Bedeutung von Wärmebrücken immer weiter zugenommen, da auch deren Anteil an den gesamten Wärmeverlusten trotz eines relativ geringen Flächenanteils erheblich sein kann.

So existiert für Wärmebrücken ein eigenes Rechenverfahren, welches zum Nachweis der Berücksichtigung von Wärmebrücken sowohl im Neubau als auch bei der Sanierung herangezogen wird. Der Wärmebrückennachweis erfolgt somit abgetrennt von den anderen Nachweisen zum Wärmeschutz. Hierzu dient § 12 GEG. Sofern es wirtschaftlich vertretbar ist, müssen Wärmebrücken demzufolge nach den Regeln der Technik minimiert werden.

FÜR FACHLEUTE

Das bedeutet, dass eine Mindestoberflächentemperatur im Innenbereich eingehalten werden muss. Dazu wird im Bereich von Wärmebrücken der dimensionslose Faktor fRsi eingeführt. Entsprechend den Randbedingungen der DIN 4108-2 wird eine Mindestinnenoberflächentemperatur von 12,6 °C gefordert, was einem fRsi von 0,70 entspricht. Fenster sind davon explizit ausgenommen. Jedoch darf auch die Anschlussstelle zwischen Fenster und Wand eine Oberflächentemperatur von 12,6 °C nicht unterschreiten.

Dichtheit

Zum baulichen Wärmeschutz gehört auch der Gedanke einer nach den Regeln der Technik dauerhaft luftundurchlässigen **Gebäudehülle.** Es gibt heute noch viele Altbauten, bei denen die „dichte" Bauweise noch nicht zum Stand der Technik gehörte. In diesen Fällen hatte man zur Bauzeit jedoch auch noch nicht an Dinge wie Mindestwärmeschutz gedacht. Weiter noch nutzte man gezielt die „kalten" Fenster zum Feuchteschutz, indem die feuchte Raumluft dort gezielt kondensieren konnte.

Anmerkung: Der Grundsatz, dass Fenster zum Feuchteschutz das kälteste Bauteil darstellen, wird heute noch verfolgt, wenn man sich bei der Modernisierung von Fenstern in einem sonst ungedämmten Gebäude bewusst für Fenster entscheidet, die nicht dem höchsten Wärmeschutzstandard entsprechen.

Heute werden Gebäude anders gedacht und die dichte Bauweise entspricht dem aktuellen Baustandard. Damit sichergestellt ist, dass ein Mindestluftwechsel stattfinden kann und wie groß dieser sein muss, gibt es zB die DIN 1946 Teil 6. Hat man damit den **Mindestluftwechsel** bestimmt, kann mithilfe von Annahmen zum Baustandard (und ggf. auch messtechnisch) bestimmt werden, ob weitere technische Maßnahmen für den Mindestluftwechsel erforderlich sind. Dieser kann durch einfache technische Maßnahmen hergestellt werden, bis hin zu zentralen Lüftungssystemen, die den Wohnkomfort maximieren und ggf. auch eine ganzjährige Klimatisierung der Aufenthaltsräume ermöglichen. Die dichte Bauweise ist aus diesem Grund für einen langfristigen Energieeffizienzpfad eines Gebäudes essenziell.

EXKURS

Kommentar der Bundesregierung zum Gesetzesentwurf des GEG:

Wird ein Gebäude nicht ausreichend abgedichtet, verliert es durch den Luftwechsel zu schnell beheizte oder gekühlte Luft. § 13 S. 1 GEG stellt deshalb weiterhin sicher, dass die wärmeübertragende Umfassungsfläche von neuen Gebäuden entsprechend den anerkannten Regeln der Technik abgedichtet wird, um die Luftwechselrate so gering wie möglich zu halten. § 13 S. 2 GEG konkretisiert die allgemeine Kollisionsnorm des § 10 Abs. 3 GEG und stellt klar, dass öffentlich-rechtliche Vorschriften über den zum Zweck der Gesundheit und Beheizung erforderlichen Mindestluftwechsel einzuhalten sind (Quelle: dserver.bundestag.de/btd/19/167/1916716.pdf).

Gesamtenergiebedarf

Das GEG berücksichtigt nicht nur den **Energieverbrauch,** der am Gebäude selbst anfällt, um dies zu beheizen, zu kühlen und ggf. warmes Wasser zu bereiten. Darüber hinaus misst das GEG auch die Energieverbräuche dem jeweiligen Gebäude zu, die bei der Erzeugung und dem Transport des **Energieträgers** anfallen, der zu dessen Beheizung, Kühlung, Lüftung und Warmwasserbereitung benötigt wird.

Der im GEG genannte Gesamtenergiebedarf bezieht sich auf den in der Fachwelt genannten **Primärenergiebedarf.** Dabei unterscheidet man zwischen dem erneuerbaren Anteil und dem nicht-erneuerbaren Anteil. Im Ergebnis werden die zusätzlichen Energieverbräuche aus Erzeugung und Transport von nicht-erneuerbarer Energie, dem Gebäude angerechnet, welches diese nicht-erneuerbarer Energie nutzt.

Der Anteil am **Gesamtenergiebedarf,** der aus Erneuerbaren Energien stammt, wird der Primärenergie nicht angerechnet. Bezieht ein Gebäude mehr Erneuerbare Energie, sinkt dessen Primärenergiebedarf.

Schließlich kann der Primärenergiebedarf dieses Gebäudes wieder steigen, wenn sich die Energieverbräuche aus Erzeugung und dem Transport der nicht-erneuerbaren Energie erhöhen. Diese sind im GEG für verschiedene Energieträger, von Holz über Heizöl und Erdgas bis hin zu Strom über die sog. Primärenergiefaktoren festgelegt.

Insbesondere beim elektrischen Strom aus dem öffentlichen Versorgungsnetz verringert sich der Primärenergiefaktor seit einigen Jahren dadurch, dass der Anteil an erneuerbar erzeugtem Strom kontinuierlich zunimmt. Das GEG bildet dies nicht aktuell ab.

FÜR FACHLEUTE

§ 10 GEG verweist bei der Vorgabe des maximalen Jahres-Primärenergiebedarfs auf § 15 GEG. In diesem wird der Jahres-Primärenergiebedarf mit 0,55 oder 55 % des Wertes des jeweiligen Referenzgebäudes festgelegt. Die hierfür geltende technische Referenz ist der Anlage 1 zu entnehmen. Im Absatz 2 des § 15 GEG wird bei Bilanzierungs-/Rechenverfahren auf den Teil 2, Abschnitt 3 „Berechnungsgrundlagen und verfahren" §§ 20 bis 33 GEG verwiesen. Es gilt allgemein die DIN V 18599 mit den folgenden beiden Ausnahmen:

- Abweichend von DIN V 18599-1: 2018-09 sind bei der Berechnung des Endenergiebedarfs diejenigen Anteile nicht zu berücksichtigen, die durch in unmittelbar räumlichem Zusammenhang zum Gebäude gewonnene solare Strahlungsenergie sowie Umweltwärme gedeckt werden.
- Abweichend von DIN V 18599-1: 2018-09 ist bei der Berechnung des Primärenergiebedarfs der Endenergiebedarf für elektrische Nutzeranwendungen in der Bilanzierung nicht zu berücksichtigen.

b) Energetische Anforderungen an Nichtwohngebäude mithilfe des Mehr-Zonen-Modells

Die Anforderungssystematik bei der Energieeffizienz von Nichtwohngebäuden ist mit der von **Wohngebäuden** identisch. Hierüber bleiben die §§ 18 und 19 GEG gegenüber dem bisherigen Gebäudeenergiegesetz unverändert.

Zonenmodell

Die Bilanzierung von Nichtwohngebäuden erfolgte schon auf Basis der DIN V 18599, bevor diese bei Wohngebäuden zum Bilanzierungsstandard wurde. **Nichtwohngebäude** können eine Vielzahl von sehr unterschiedlichen Anforderungen an die Klimatisierung (Wärme- und Kältebedarf) in sich vereinen. Aus diesem Grund findet die Bilanzierung von Nichtwohngebäuden mithilfe eines **Zonenmodells** statt.

FÜR FACHLEUTE

Diese Bilanzierung von Nichtwohngebäuden über die Zonierung übernimmt deshalb auch das GEG. Für diese Zonierung werden diejenigen Bereiche des Nichtwohngebäudes zusammengefasst, die ähnliche Klimatisierungsbedarfe/-profile aufweisen. Diese Bereiche müssen dabei in der Wirklichkeit nicht direkt räumlich verbunden sein. Gleichzeitig ist es auch möglich, eine räumliche Einheit in verschiedene Zonen zu unterteilen.

Als Faustregel gilt dabei, nur so viele verschiedene Zonen zu definieren wie nötig.

Die DIN V 18599 kennt die folgenden Nutzenergien, die maßgeblich für die Konditionierung der verschiedenen Zonen sind:

- Nutzwärmebedarf (Heizwärmebedarf),
- Nutzkältebedarf (Kühlbedarf),
- Nutzenergie der thermischen Luftaufbereitung,
- Nutzenergie für Befeuchtung,
- Nutzenergie für Beleuchtung und
- Nutzenergie für Trinkwarmwasserbereitung.

Zonen können eine oder mehrere dieser Konditionierungen entsprechen und sobald eine Konditionierung vorliegt, muss diese Zone bei der Bilanzierung mitberücksichtigt werden. Von dieser normativen Vorgabe weichen einzelne energiesparrechtliche Nachweise ab, wie zB beim Energieausweis für Nichtwohngebäude der Fall, bei dem beheizte bzw. gekühlte Bereiche in der Berechnung berücksichtigt werden.

Maßgeblich für Wärme und Kältebedarf sind neben den solaren und internen Wärmegewinnen natürlich auch die örtlichen baulichen Eigenschaften des Nichtwohngebäudes. Somit können auch Nutzungseinheiten, die dem gleichen Zweck dienen und sich eigentlich in derselben Zone wiederfinden würden, aufgrund unterschiedlicher baulicher Randbedingungen in unterschiedliche Zonen aufgeteilt sein.

Vereinfachtes Verfahren

Gemäß § 32 GEG kann unter der Einhaltung der dort genannten Anwendungsvoraussetzungen das sog. Ein-Zonen-Modell als **vereinfachtes Verfahren** angewendet werden.

Eine Anwendungsvoraussetzung ist, dass es sich bei dem Nichtwohngebäude um einen in § 32 Abs. 2 GEG aufgezählten Gebäudetyp handelt. Dazu zählen unter anderem Schulen, Kindergärten und ähnliche Einrichtungen.

Weiterhin müssen die Anwendungsbeispiele des § 32 Abs. 2 Nr. 1 bis 5 GEG vollständig erfüllt sein. Das bedeutet, dass die Nettogrundfläche der Hauptnutzung zzgl. der Verkehrsflächen mindestens 2/3 der Gesamtnettogrundfläche ausmachen müssen. Dazu müssen Teile der Gebäudetechnik weitere Anforderungen erfüllen. Zu beachten sind darüber hinaus die Randbedingungen der Anlage 6 im GEG.

Schließlich wird der dabei ermittelte Wert für den Jahres-Primärenergiebedarf um 10 % reduziert und erst damit zum Vergleichswert gegenüber dem **Referenzgebäude.**

Für die Leser, deren Wissen in die Vorgängerverordnung des GEG, die Energieeinsparverordnung, zurückreicht, verweisen wir hier noch einmal auf den Kommentar der Bundesregierung zum Gebäudeenergiegesetz 2020, da dort der Wegfall einer Ausnahmeregelung für Hallenheizungen beschrieben und begründet wird:

EXKURS

Kommentar der Bundesregierung zu § 18 GEG:
Maßgeblich für den höchstzulässigen Jahres-Primärenergiebedarf eines zu errichtenden Nichtwohngebäudes ist der Wert eines Referenzgebäudes gleicher Geometrie, Nettogrundfläche, Ausrichtung und Nutzung, einschließlich der Anordnung der Nutzungseinheiten, wie das zu errichtende Gebäude.

Die technische Ausführung des Referenzgebäudes ist in Anlage 2 zu diesem Gesetz beschrieben. Der Jahres-Primärenergiebedarf des Referenzgebäudes, der auf der Grundlage dieser technischen Ausführung berechnet wird, ist mit dem Faktor 0,75 zu multiplizieren (Absatz 1). Diese Regelung gilt seit dem 1.1.2016 und geht auf die Novelle der Energieeinsparverordnung im Jahr 2013 zurück. Im Rahmen dieser Novelle ist die primärenergetische Anforderung an zu errichtende Gebäude um 25 % verschärft worden. Auf eine Neubeschreibung der technischen Referenzausführung ist dabei verzichtet worden. Der geltende wirtschaftliche Standard erfüllt die Kriterien der EU-Gebäuderichtlinie für das Niedrigstenergiegebäude und wird mit diesem Gesetz fortgeführt.

In der technischen Referenzausführung in Anlage 1 ist der Öl-Brennwertkessel durch den Erdgas-Brennwertkessel als Referenztechnik ersetzt worden. Daraus ergeben sich keine veränderten Anforderungen an den Jahres-Primärenergiebedarf, da die anlagentechnischen Kennwerte eines mit Öl oder Gas betriebenen Brennwertkessels vergleichbar sind (Quelle: dserver.bundestag.de/btd/19/167/1916716.pdf).

FÜR FACHLEUTE

Die bisherige Ausnahmeregelung in EnEV Anlage 2 Nr. 1.1.2 S. 3 (Energieeinsparverordnung) für Gebäudezonen mit mehr als vier Metern Raumhöhe, die durch dezentrale Gebläse- oder Strahlungsheizungen beheizt werden, wurde nicht weitergeführt, da diese Zonen künftig von der Nutzung erneuerbarer Wärme nach § 10 Abs. 4 GEG befreit werden.

Absatz 3 führt die Regelung in EnEV Anlage 2 Nr. 1.1.1 S. 2 mit diesem Gesetz fort. Die Vorschrift stellt sicher, dass sich das Referenzgebäude und das zu errichtende Gebäude hinsichtlich der Zonierung nach unterschiedlichen Nutzungen für die Berechnung des Jahres-Primärenergiebedarfs nicht unterscheiden. Unterschiede sind nur hinsichtlich der anlagentechnischen Ausstattung und der Tageslichtversorgung zulässig, die technisch bedingt sind.

c) Fördermöglichkeiten und Finanzierungsaspekte

Neubauförderung für Wohngebäude und Nichtwohngebäude

Eigenheimförderung, ohne die Anforderung den GEG-Standard zu übertreffen

Erwähnung sollte hier das **KfW-Wohneigentumsprogramm 124** finden, da es auch in der Form eines Endfälligkeitsdarlehens zur Verfügung steht.

Das **Endfälligkeitsdarlehen** ermöglicht v.a. einem erweiterten Personenkreis den Zugang zu Kapital für eine Baufinanzierung. Dies kann zB der Fall sein, wenn zukünftige Wohneigentümer ihre Kreditfinanzierungsreserven bereits ausgeschöpft haben – zum Zeitpunkt der Endfälligkeit aber gesichert auf aktuell gebundenes Kapital zurückgreifen können. Auch lassen sich Endfälligkeitsdarlehen mithilfe von Bausparkrediten finanzieren.

Bis zur Endfälligkeit tilgt der Wohneigentümer nur die Kreditzinsen. Näheres zu den Finanzierungskonditionen erfahren Sie auf der Internetseite der KfW.

Effizienzhaus 40, KFN und KFN + QNG

Effizienzhaus 40

Das **Effizienzhaus 40** setzt sich, aufgrund seines hohen Niveaus im Bereich des Wärmeschutzes vom Effizienzhaus 55, das seit 2021 nicht mehr Teil der Neubauförderung ist, und auch von den noch etwas schlechteren Effizienzhaus-Standards 70 und 85 durch zwei wesentliche Merkmale ab.

Durch die geringen **Transmissionswärmeverluste** (der Wärmestrom durch die Gebäudehülle) gewinnen die Wärmeverluste durch die klassische Wohnraumlüftung an Bedeutung. Da die Wohnraumlüftung insbesondere auch dem Feuchteschutz dient, kann darauf nicht ohne weiteres verzichtet werden, ohne dabei von normativen Anforderungen abzuweichen.

Weiter noch sinkt der Heizwärmebedarf auf ein Niveau, welches den Einsatz eines klassischen (wasserbasierten)

Wärmverteilsystems mit Heizkörpern obsolet macht. Dies gilt auch für Fußbodenheizungen, die dann in erster Linie zur Steigerung des Wohnkomforts eingesetzt werden.

In der Folge gewinnt die dichte Bauweise an Bedeutung und die klassische Heizung wird durch ein modernes **Gebäude-Klimasystem** abgelöst. Die zur Zeit beste verfügbare Technologie stellen hier zentrale Wohnraumlüftungen mit integrierter Luft/Luft-Wärmepumpe dar. Optional ist die Einbindung eines Warmwasserkreises, welcher der Warmwasserbereitung und ggf. der Versorgung einer Fußbodenheizung dient. Alternativ können die Warmwasserbereitung und Fußbodenheizung rein elektrisch, bzw. PV-elektrisch, ausgelegt werden.

Klimafreundliches Wohngebäude KFN
Ab dem Baustandard Effizienzhaus 40 kommt seit 2023 eine neue Anforderung hinzu. Neben den beiden Anforderungen an den Primärenergiebedarf und den baulichen Wärmeschutz müssen Effizienzhäuser der Klasse 40 auch mithilfe einer sog. **Lebenszyklusanalyse** nachweisen, dass durch die verwendeten Bauprodukte ein Höchstwert von Treibhausgasemissionen über die Lebenszeit des Gebäudes nicht überschritten wird.

TIPP
Bei der Lebenszyklusanalyse wird jedem Bauteil, welches zum Bau des Hauses verwendet wird, ein Treibhausgasfußabdruck zugeschrieben. Dieser Treibhausgasfußabdruck entspricht den kumulierten Treibhausgasemissionen, die ab Beginn des Herstellungsprozesses, bzw. ab dem Zeitpunkt, an dem die Rohstoffe gewonnen werden, anfallen.

Das Konzept der Lebenszyklusanalyse, abgekürzt LCA existiert schon seit einigen Jahrzehnten und die Datenbasis für die Durchführung dieser Betrachtungen ist mittlerweile riesig. Hiermit wird zum ersten Mal der ökologische Fußabdruck betrachtet, der allein mit der Errichtung des Gebäudes anfällt.

Das Lebenszyklusmodell umfasst die folgenden Bereiche:

- Rohstoffbeschaffung [Herstellung]
- Transport [Herstellung]
- Produktion [Herstellung]
- Austausch [Betrieb und Nutzung]
- Energieverbrauch im Betrieb [Betrieb und Nutzung]
- Abfallbehandlung [Rückbau, Abfallbehandlung und Entsorgung]
- Entsorgung [Rückbau, Abfallbehandlung und Entsorgung]

FÜR FACHLEUTE

Insgesamt dürfen im Rahmen dieser Prozesse nicht mehr als 24 kg CO_2-Äquivalente pro m^2 Nettowohnfläche und pro Jahr anfallen – über einen Betrachtungszeitraum von 50 Jahren. Im Falle der von QNG-PREMIUM sind es 20 kg CO_2-Äquivalente pro m^2 pro Jahr.

Die Einführung dieser Anforderung ist deshalb bedeutsam, da sich das Verhältnis von Treibhausgasemissionen während der Nutzung zu den Treibhausgasemissionen durch die Errichtung eines Gebäudes von Effizienzklasse zu Effizienzklasse immer weiter in Richtung der Errichtung verschiebt.

Weitere Anforderungen
Zu den Anforderungen durch die Lebenszyklusanalyse kommt die Verpflichtung, bei KFN-Gebäuden vollständig auf den Einsatz fossiler Energien und auch auf den Einsatz von Biomasse zur Wärmeerzeugung zu verzichten. Dies schließt auch den Einsatz einer Hybridlösung (zB Biomasse und Solarthermie, oder Biomasse und Wärmepumpe, etc.) aus.

EXKURS

Wärmepumpen müssen

- ab 2024 den Schallemissionsgrenzwert der Europäischen Ökodesign-Verordnung Nr. 813/2013 um 5 dB unterschreiten,
- ab 2026 um 10 dB,

- ab 2025 über eine Schnittstelle (SG Ready oder VHP Ready) verfügen, über die sie netzdienlich aktiviert und betrieben werden können und
- dürfen ab 2027 ausschließlich mit natürlichem Kältemittel eingebaut werden.

Klimafreundliches Wohngebäude KFN + QNG
Die obengenannten Anforderungen bilden die Basis für den derzeit höchsten Neubaustandard Qualitätssiegel Nachhaltiges Gebäude PLUS und PREMIUM.

Das **Qualitätssiegel Nachhaltiges Gebäude QNG** möchte im Einklang mit den international anerkannten Nachhaltigkeitszielen stehen, den sog. Sustainable Development Goals der Vereinten Nationen.

QNG ist ein staatliches Gütesigel. Der Siegelgeber ist das Bundesministerium für Wohnen, Stadtentwicklung und Bauwesen (BMWSB). Akkreditierte Zertifizierungsstelle kann werden, wer ein Bewertungssystem registriert, das die Systemregeln des QNG erfüllt. Aktuell gibt es vier akkreditierte Zertifizierungsstellen: DGNB (Deutsche Gesellschaft für Nachhaltiges Bauen), BNK/BiRN (Bau-Institut für Ressourceneffizientes und Nachhaltiges Bauen), NaWoh (Verein zur Förderung der Nachhaltigkeit im Wohnungsbau) und BNB (Bewertungssystem Nachhaltiges Bauen des BMWSB).

Ähnlich dem Nachhaltigkeitsdreieck werden bei QNG drei Hauptpfeiler definiert:
- Soziokulturelle Qualität
- Ökonomische Qualität
- Ökologische Qualität

Daneben definiert QNG noch weitere Qualitätskriterien, die sich aber den zuerst genannten drei Haupthandlungsfeldern zuordnen lassen, wie zB die Technische Qualität und die Prozessqualität.

Innerhalb jeder dieser Handlungsfelder werden detaillierte Anforderungen formuliert, wie zB die konkrete Ausgestaltung des vorbeugenden Brandschutzes, der Grad der Barrierefreiheit oder auch die Vermeidung von Schadstoffen in Baumaterialien. Die Anforderungen orientieren sich immer an gültigen nationalen oder internationalen Normen und Standards. Zum Teil findet auch eine gewichtete Berücksichtigung individueller lokaler Faktoren statt.

Aus der Erfüllung dieser Anforderungen ergibt sich ein Punktesystem, mit dem zuerst das QNG PLUS und bei einem noch höheren Erfüllungsniveau das QNG-PREMIUM Siegel erteilt werden kann.

Abhängig des Gebäudetyps und des Baujahrs gibt es mittlerweile verschiedene Siegelvarianten.

 **TIPP**
Analog zum Energie-Effizienz-Experten kann das QNG-Zertifikat nur durch die Beauftragung von Auditoren, die durch eine der oben genannten Zertifizierungsstellen benannt wurden, erteilt werden.

KfW-Förderungen
Die **KfW-Förderbank** bietet mehrere Förderpakete an, die die Erreichung des **Effizienzhaus 40** Standards inkl. dessen KFN-Stufen **KFN, KFN-QNG PLUS** oder **KFN-QNG PREMIUM** zur Bedingung machen. Gleichzeitig beinhalten diese Förderpakete unterschiedliche Sozialaspekte – wie das mit dem Beschluss des GEG gestärkte Neubauprogramm „Wohneigentum für Familien" (WEF, s. Abb. 2, S. 19).

Insgesamt erstreckt sich das Portfolio der KfW zur **KFN-Förderung** auf aktuell sechs Förderprogramme: 297, 298, 498 und 300 für Wohngebäude und 299 und 499 für Nichtwohngebäude. Die Förderprogramme 498 und 499 richten sich ausschließlich an Kommunen. Die Tabelle (Abb. 3, S. 20) fasst die Förderkonditionen dieser sechs Programme grob zusammen.

Aufgaben des Energieeffizienz-Experten
Die Förderung durch die KfW-Bank ist daran geknüpft, dass eine energetische Fachplanung und die Begleitung der Baumaßnahmen durch einen **Energieeffizienz-Experten** stattfinden, ggf. in Zusammenarbeit mit einem

Nachhaltigkeitsberater. Werden hierbei Teilleistungen durch Dritte erbracht, muss der Energieeffizienz-Experte diese im Rahmen einer Gesamtverantwortung überprüfen.

Die Leistungen des Energieeffizienz-Experten dienen schließlich als Nachweisgrundlage für die erfolgreiche Umsetzung eines Effizienzhaus 40 KFN + QNG.

Daher sind die **Leistungen** hier im Einzelnen aufgeführt:

Grundsätzliche Leistungen

- Erstellen der Bestätigung zum Antrag für die geplante Förderstufe,
- Übergabe aller relevanten Gebäudedaten an die Fachplaner und ausführenden Gewerke, die Lebenszyklusanalyse und den Effizienzhaus-Nachweis betreffend,
- Mitwirkung bei der Ausschreibung und Angebotseinholung, sodass eine Übereinstimmung von Qualität und Umfang bzgl. der KFN-Anforderungen sichergestellt ist,
- Baustellenbegehungen mit Sichtprüfungen der KFN-Maßnahmen, in angemessener Anzahl, durchführen,
- Überprüfung der eingebauten Materialien und Bauteile auf Übereinstimmung mit den KFN-Anforderungen,
- Dokumentation der energetischen Fachplanung und der Begleitung von Baumaßnahmen, entsprechend der KfW-Anforderung und
- Erstellen der **Bestätigung nach Durchführung** für die umgesetzte Förderstufe.

Lebenszyklusanalyse

- Erstellung eines baulichen und energetischen Gesamtkonzepts zur Einhaltung der Anforderungen an das Treibhauspotenzial,
- Erstellung einer Lebenszyklusberechnung für das Treibhauspotenzial nach den Regeln des QNG-Handbuchs und
- Ermittlung der Nettoraumfläche nach DIN 277:2021-08.

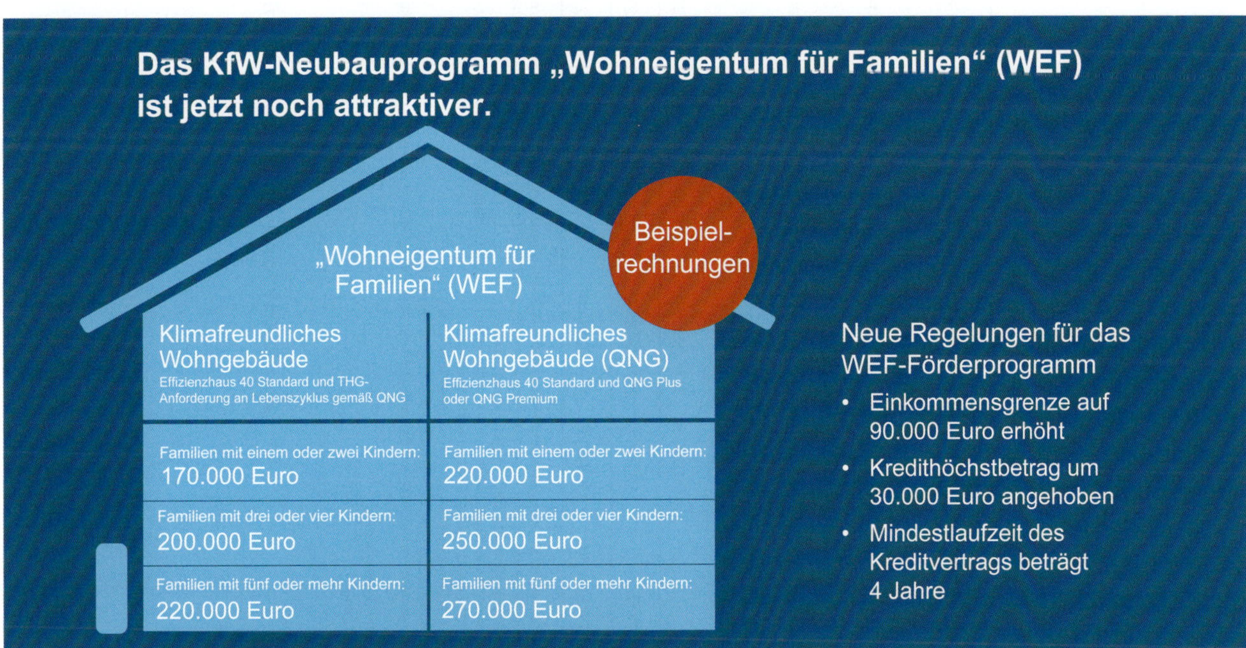

Abb. 2: KfW-Neubauprogramm (Quelle: BMWSB)

KfW Förderprogramme Klilmafreundlicher Neubau KFN

	Wohngebäude		Wohneigentum für Familien				Nichtwohngebäude			Zinsverbilligung	
			1 oder 2 Kinder	3 oder 4 Kinder	ab 5 Kinder					Sollzins	Tilgungs-zuschuss Kommunen-
Effizienzhaus/-gebäude*	€/WE**	KFW	€/WE**	€/WE**	€/WE**	KFW	€/m² **	max.	KFW	Stand: 2023	
- KFN EH40	100.000 €	297[3*]/298/498[4*]	170.000 €	200.000 €	220.000 €	300[3*]	2.000 €	10.000.000 €	299/499[4*]	ab 0,01 %	5 %
- KFN EH40 QNG PLUS	150.000 €	297[3*]/298/498[4*]	220.000 €	250.000 €	270.000 €	300[3*]	3.000 €	15.000.000 €	299/499[4*]	ab 0,01 %	12,5 %
- KFN EH40 QNG PREMIUM	150.000 €	297[3*]/298/498[4*]	220.000 €	250.000 €	270.000 €	300[3*]	3.000 €	15.000.000 €	299/499[4*]	ab 0,01 %	12,5 %

* - Der Effizienzhaus-Nachweis ist nach Gebäudeenergiegesetz (GEG) in Verbindung mit DIN V 18599 zu berechnen.
- Der Nachweis für Wohngebäude mit der Normenkombination DIN V 4701-10/DIN V 4108-6 ist nicht mehr zulässig.
- Es gelten die Technischen Mindestanforderungen des EH /EG 40
- Treibhausgasemissionen im Gebäudelebenszyklus von höchstens 24 kg CO2 Äquivalent pro m² pro Jahr (ab QNG höchstens 20 kg).
- Kein Wärmeerzeuger auf Basis fossiler Energie oder Biomasse.
- Die EE-Klasse wird ab einem EE-Anteil 65 % erreicht (früher 55 %).
- Der Einsatz einer Lüftungsanlage mit Wärmerückgewinnung ist verpflichtend.
- Die Anrechnung von grünem Wasserstoff und Biomethan ist nur in der Kombination mit einem Brennstoffzellen-Heizsystemen möglich.

** zzgl. Fachplanung und Baubegleitung
3* bei privater Selbstnutzung
4* für Kommunen

Abb. 3: KfW Förderprogramme Klimafreundlicher Neubau (Quelle: ZIV)

Effizienzhausnachweis

- Erstellen des **energetischen Gesamtkonzepts** für den baulichen Wärmeschutz und die Anlagentechnik,
- Erstellen der Berechnung für das Effizienzhaus, inkl. des zugehörigen Referenzgebäudes,
- Berechnen der Einsparungen des Jahres-Primärenergiebedarfs, Endenergiebedarfs sowie der CO_2-Emissionen für das Effizienzhaus nach den GEG-Grundsätzen,
- Erstellen des Wärmebrückenkonzepts,
- Erstellen des Luftdichtheitskonzepts,
- Erstellen der Maßnahmen und Nachweise für den sommerlichen Wärmeschutz,
- Erstellen eines Lüftungskonzepts,
- Soweit notwendig, Überprüfung des Ergebnisses der Luftdichtheitsmessung,
- Überprüfung der Einregulierung der energetischen Anlagentechnik,
- Überprüfung der Durchführung des Hydraulischen Abgleichs und
- Überprüfung der technischen Einweisung des Bauherrn in die energetische Anlagentechnik.

Nachhaltigkeitszertifizierung

- Überprüfung auf Übereinstimmung mit dem beantragten QNG-Standard (PLUS oder PREMIUM) und der Akkreditierung der Zertifizierungsstelle.

4 Anforderungen an die Sanierung beim baulichen Wärmeschutz

Betrachtet man den Gebäudebestand in Deutschland, unterteilt in die ***Effizienzklasse*** *A+ bis H, wird klar, wie wichtig die Verpflichtung zur energetischen Komponente ist, wenn diese Gebäude aus anderen Motiven heraus saniert werden (s. Abb. 4).*

Ohne die sukzessive ***energetische Sanierung*** *des gesamten Gebäudebestands werden auch progressive Ausbaupfade im Bereich der Erzeugung Erneuerbarer Energien den zukünftigen Bedarf an Erneuerbaren Energien nicht decken können.*

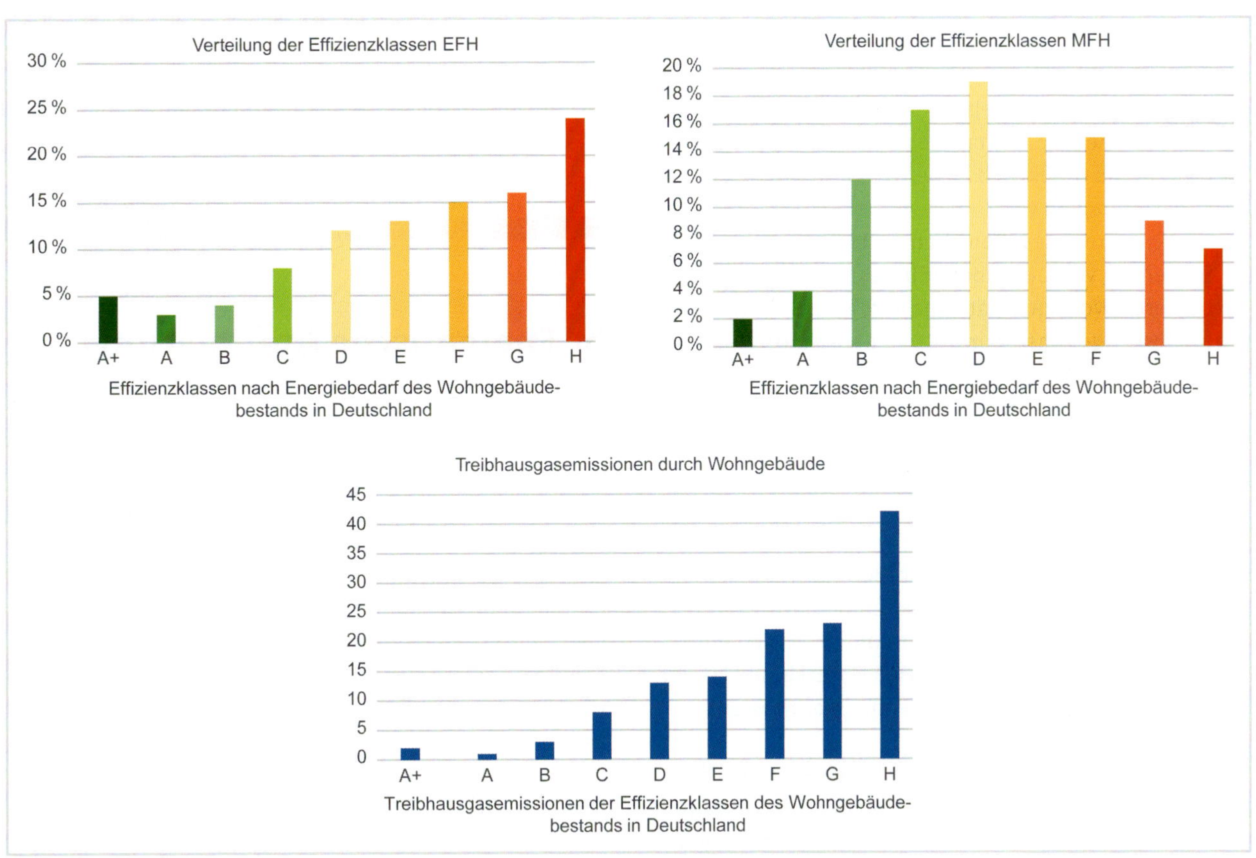

Abb. 4: Effizienzklassen und Treibhausgasemissionen (Quelle: dena, ifeu, Prognos u.a. 2019; ifeu 2021)

> ⚠ **WICHTIG**
>
> **Auch wenn das GEG heute und zukünftig keine wirkliche Sanierungspflicht von Bestandsgebäuden vorsieht, reichen die situationsbezogenen energetischen Sanierungspflichten im GEG, im Zusammenspiel mit der Bundesförderung effiziente Gebäude BEG aus, um das maximale Potenzial an bauhandwerklichen Ressourcen auf lange Sicht vollständig auszuschöpfen.**

a) Zielsetzung und Bedeutung der Sanierungsvorgaben

Die Zielsetzung und Bedeutung der Sanierungsvorgaben im GEG sind von großer Bedeutung für die Umsetzung der Energieeffizienzziele und den Klimaschutz im Gebäudebereich. Die Sanierungsvorgaben sind darauf ausgerichtet, bestehende Gebäude energetisch zu verbessern und somit einen erheblichen Beitrag zur Reduzierung des Energieverbrauchs und der Treibhausgasemissionen zu leisten. Hier sind einige der wichtigsten Zielsetzungen und die Bedeutung der Sanierungsvorgaben im GEG:

- **Reduzierung des Energieverbrauchs:** Die Sanierungsvorgaben im GEG zielen darauf ab, den Energieverbrauch in bestehenden Gebäuden erheblich zu senken. Dies geschieht durch die Festlegung von Standards und Anforderungen für die energetische Sanierung, die sicherstellen, dass Gebäude durch die Sanierung auf den THG-Reduktionspfad gebracht werden.
- **Klimaschutz:** Die energetische Sanierung von Gebäuden ist ein entscheidender Schritt im Kampf

gegen den Klimawandel. Durch die Reduzierung des Energieverbrauchs und die Senkung der Treibhausgasemissionen aus Gebäuden trägt das GEG maßgeblich dazu bei, die Klimaziele zu erreichen und beugt bestenfalls wesentlich kostenreichere Klima-Anpassungsstrategien vor.

- **Verbesserung des Wohnkomforts:** Die energetische Sanierung von Gebäuden führt oft auch zu einer besseren Wohnqualität. Eine verbesserte Dämmung, hochwertige Fenster und effiziente Heizungs- und Kühlsysteme tragen dazu bei, die Behaglichkeit in Gebäuden zu steigern, was den dort lebenden Menschen zugutekommt.
- **Wertsteigerung von Immobilien:** Die Sanierungsvorgaben werden auch dazu beitragen, den Wert von Immobilien zu steigern. Energetisch effiziente Gebäude sind auf dem Immobilienmarkt umso begehrter, je mehr die Wärmebereitstellungspreise zukünftig steigen werden. Anhand verschiedener Szenarien für die Kosten von CO_2-Emissionen lassen sich hierfür heute schon relevante Mehrkosten vorhersagen.
- **Förderung von Innovation und Technologie:** Die Vorgaben im GEG fördern die Entwicklung und Anwendung innovativer Technologien und Lösungen im Bereich der Gebäudeeffizienz. Dies kann dazu beitragen, neue Geschäftsmöglichkeiten zu schaffen und die Wettbewerbsfähigkeit der Bau- und Energiebranche zu stärken.
- **Arbeitsplätze und Wirtschaftswachstum:** Die Sanierung von Gebäuden erfordert Fachleute aus verschiedenen Bereichen, von Architekten über Handwerker bis hin zu Ingenieuren. Dies schafft Arbeitsplätze und trägt zum Wirtschaftswachstum bei.
- **Langfristige Kosteneinsparungen:** Obwohl die Sanierungskosten initial hoch sein können, führt die langfristige Senkung der Energiekosten dazu, dass sich die Investitionen langfristig auszahlen. Gebäudeeigentümer profitieren von geringeren Energiekosten und einer verbesserten Energieeffizienz.

TIPP

Insgesamt sind die Sanierungsvorgaben im GEG von großer Bedeutung, um den Gebäudebestand in Deutschland auf einen nachhaltigen und energieeffizienten Pfad zu bringen. Sie tragen dazu bei, die Umweltbelastung zu reduzieren, den Klimawandel zu bekämpfen und die Lebensqualität der Menschen zu verbessern, während sie langfristig wirtschaftliche Vorteile bieten.

b) Energetische Anforderungen bei der Sanierung von Wohngebäuden

Die energetischen Anforderungen für die Sanierung von Wohngebäuden im GEG sind darauf ausgerichtet, den **Energieverbrauch** und die **Treibhausgasemissionen** in bestehenden Gebäuden signifikant zu reduzieren und gleichzeitig den Wohnkomfort zu verbessern. Damit tragen sie dazu bei, den Gebäudebestand in Deutschland insgesamt nachhaltiger zu gestalten. Die genauen Anforderungen können je nach Art und Umfang der Sanierung variieren, aber im Allgemeinen sind die folgenden Schwerpunkte und Standards zu beachten.

Die energetischen Anforderungen für die Sanierung von Wohngebäuden im GEG sind darauf ausgerichtet, die **Energieeffizienz** zu steigern.

Teil 3 des GEG beschreibt die Energieeffizienzanforderungen, die bei Sanierungs- oder Modernisierungsarbeiten an einem Gebäude erfüllt werden müssen. Darüber hinaus untersagt das GEG mit § 46 GEG, **Aufrechterhaltung der energetischen Qualität,** nachträgliche Veränderungen von und an Außenbauteilen, wenn diese zu einer energetischen Verschlechterung des Gebäudes führen.

Aufrechterhaltung der energetischen Qualität (nach § 46 GEG)

Im Rahmen von Arbeiten an der Gebäudehülle muss darauf geachtet werden, dass sich das energetische Niveau des Gebäudes nicht verschlechtert. Daher ist es wichtig, dass sich Eigentümer und Bauherren vor dem Beginn eventueller Arbeiten am Gebäude über das Anfangsniveau der energetischen Qualität bewusst sind.

Diese Feststellung des **Energetischen Niveaus** kann durch eine Energieberatung mit einem Energieeffizienz-Experten geschehen.

Diese Anforderung entfällt dann:

- wenn sich der Umfang der Arbeiten auf nicht mehr als 10 % der Bauteilfläche am gesamten Gebäude erstreckt oder
- wenn diese Arbeiten im Widerspruch zu öffentlich-rechtlichen Vorschriften aus den Bereichen Standsicherheit, Brandschutz sowie dem Arbeits- und Gesundheitsschutz stehen.

 TIPP

Das beratende und durchführende Handwerk sollte sich grundsätzlich über das Gebot zur Aufrechterhaltung der energetischen Qualität im Klaren sein. Insbesondere auch, dass dies auch für nichtgeförderte Sanierungsmaßnahmen gilt. Ob dies im Rahmen einer Landes-Durchführungsverordnung als Ordnungswidrigkeit eingestuft wird, ist ggf. in Erfahrung zu bringen.

Dämmung der obersten Geschossdecke bei bestehenden Gebäuden (nach § 47 GEG)

Wohngebäude und Nichtwohngebäude, die jährlich mindestens vier Monate auf mindestens 19 °C geheizt werden, müssen den Mindestwärmeschutz im Bereich der obersten Geschossdecke nach DIN 4108-2:2013-02 erfüllen. Dies entspricht einem Wärmedurchgangskoeffizienten von 0,24 W/m²K.

Diese Regelung aus dem § 47 GEG wurde aus der Energieeinsparverordnung EnEV aus dem Jahre 2002 übernommen.

Mit den folgenden Ansätzen wird die Anforderung des § 47 GEG erfüllt:

- **Dämmung, die direkt auf die oberste Geschossdecke aufgebracht wird,**
- **Dämmung, die in der Zwischendecke der obersten Geschossdecke eingebracht wird und**
- **die Dämmung des Dachs, als Alternative zur obersten Geschossdecke.**

FÜR FACHLEUTE

Wird der Wärmeschutz durch Dämmung in Deckenzwischenräumen ausgeführt und ist die Dämmschichtdicke im Rahmen dieser Maßnahmen aus technischen Gründen begrenzt, so gelten die Anforderungen als erfüllt, wenn die nach anerkannten Regeln der Technik höchstmögliche Dämmschichtdicke eingebaut wird, wobei ein Bemessungswert der Wärmeleitfähigkeit von 0,035 Watt pro Meter und Kelvin einzuhalten ist. Abweichend davon ist ein Bemessungswert der Wärmeleitfähigkeit von 0,045 Watt pro Meter und Kelvin einzuhalten, soweit Dämmmaterialien in Hohlräume eingeblasen oder Dämmmaterialien aus nachwachsenden Rohstoffen verwendet werden. Wird der Wärmeschutz als Zwischensparrendämmung ausgeführt und ist die Dämmschichtdicke wegen einer innenseitigen Bekleidung oder der Sparrenhöhe begrenzt, gelten diese Vorgaben analog.

Ausgenommen von dieser Vorgabe sind:

Wohngebäude mit nicht mehr als zwei Wohneinheiten, wenn:

- diese seit der Einführung der Energieeinsparverordnung EnEV am 1.2.2002 selbst bewohnt sind. Findet ein **Eigentumsübergang** für dieses Gebäude statt, hat der neue Eigentümer innerhalb einer Frist von zwei Jahren die Anforderung der Dämmung der oberen Geschossdecke zu erfüllen oder
- es sich um **selbstgenutztes Eigentum** handelt und die Kosten für diese Maßnahme dem Grundsatz der Wirtschaftlichkeit insofern widerspricht, als dass die damit verbundenen Energieeinsparungen nicht innerhalb einer angemessenen Frist erwirtschaftet werden können.

Anforderungen an ein bestehendes Gebäude bei Änderung (nach § 48 GEG)

Wenn Änderungen an **Außenbauteilen** am Gebäude vorgenommen werden, müssen für die entsprechenden Bauteile, -gruppen bzw. Gebäudeabschnitte vorgegebenen Höchstwerte der Wärmedurchgangskoeffizienten dieser Teile eingehalten werden. Diese sind im GEG in der Anlage 7 zusammengefasst. Die folgende Tabelle (Abb. 5) zeigt einen Ausschnitt aus der Anlage 7:

Nummer	Erstmaliger Einbau, Ersatz o. Erneuerung	Beheizte Zone / Wohnraum	Nicht-Beheizte Zone / Wohnraum
	Bauteilgruppe: Außenwände		
1b	Außenwände: - Anbringen von Bekleidungen, ..., Dämmschichten oder - Erneuerung des Außenputzes einer bestehenden Wand	U = 0,24 W/(m²·K)	U = 0,35 W/(m²·K)
...	...	...	...
	Bauteilgruppe: Fenster, Fenstertüren, Dachflächenfenster, ...		
2a	Gegen Außenluft abgrenzende Fenster und Fenstertüren: - Ersatz oder erstmaliger Einbau des gesamten Bauteils oder - Einbau zusätzlicher Vor- oder Innenfenster	U = 1,3 W/(m²·K)	U = 1,9 W/(m²·K)
...	...	...	...
	Bauteilgruppe: Dachflächen sowie Decken und Wände gegen unbeheizte Dachräume		
5b	Gegen Außenluft abgrenzende Dachflächen einschließlich Dachgauben sowie gegen unbeheizte Dachräume abgrenzende Decken (oberste Geschossdecken) und Wände (einschließlich Abseitenwände): - Ersatz oder Neuaufbau einer Dachdeckung einschließlich der darunter liegenden Lattungen und Verschalungen oder - Aufbringen oder Erneuerung von Bekleidungen oder Verschalungen oder Einbau von Dämmschichten auf der kalten Seite von Wänden oder - Aufbringen oder Erneuerung von Bekleidungen oder Verschalungen oder Einbau von Dämmschichten auf der kalten Seite von obersten Geschossdecken Anzuwenden nur auf opake Bauteile	U = 1,3 W/(m²·K)	U = 0,35 W/(m²·K)
...	...	...	...
	Bauteilgruppe: Wände gegen Erdreich oder unbeheizte Räume (mit Ausnahme von Dachräumen)		
6c	GegenAußenluft abgrenzende Fenster und Fenstertüren: - Ersatz oder erstmaliger Einbau des gesamten Bauteils oder - Einbau zusätzlicher Vor-oder Innenfenster	U = 0,5 W/(m²·K)	Keine Anforderung
...	...	...	...

Abb. 5: Auszug aus Anlage 7, GEG

Wie bei der Aufrechterhaltung der energetischen Qualität bei § 46 GEG entfällt diese Anforderung, wenn sich der Umfang der Arbeiten auf nicht mehr als 10 % der Bauteilfläche am gesamten Gebäude erstreckt.

TIPP

Alternativ kann die Erfüllung dieser Anforderung nachgewiesen werden, wenn im Zuge von Arbeiten an Außenbauteilen nachgewiesen wird, dass das Gebäude insgesamt den energetischen Anforderungen des § 50 GEG entspricht. Dies kann zB durch einen Energie-Effizienz-Experten geschehen. Der im § 50 GEG geforderte Standard entspricht in etwa der Gebäudeeffizienzklasse C oder dem KfW-Effizienzhaus 115.

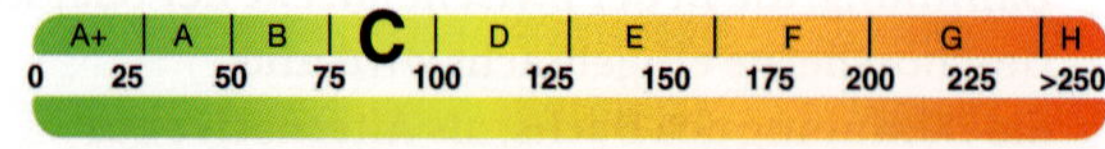

FÜR FACHLEUTE

Wer geschäftsmäßig an oder in einem Wohngebäude mit nicht mehr als zwei Wohnungen Arbeiten durchführt, für die Berechnungen nach § 50 GEG durchgeführt wurden, hat der jeweilige Eigentümer bei Abgabe eines Angebots auf die Pflicht hinzuweisen, dass diese vor Beauftragung der Planungsleistungen ein informatorisches Beratungsgespräch mit einer nach § 88 GEG zur Ausstellung von Energieausweisen berechtigten Person zu führen hat, wenn ein solches Beratungsgespräch als einzelne Leistung unentgeltlich angeboten wird.

Energetische Bewertung eines bestehenden Gebäudes (nach § 50 GEG)

Wie schon im vorherigen Abschnitt beschrieben, ermöglicht das GEG neben der Erfüllung von **energetischen Anforderungen** an Bauteile und Bauteilgruppen, bei Änderungen an bestehenden Gebäuden die Berechnung des Energetischen Niveaus des gesamten Gebäudes und damit die Einhaltung bzw. Erfüllung der Anforderungen aus § 48 GEG, Anforderungen an ein bestehendes Gebäude bei Änderung.

Geänderte Wohn- und Nichtwohngebäude dürfen den Jahres-Primärenergiebedarf des jeweiligen **GEG-Referenzgebäudes** um höchstens 40 % überschreiten. Beim baulichen Wärmeschutz darf das geänderte Wohngebäude die Höchstwerte der GEG-Anlage 2 um höchstens 40 % und das geänderte Nichtwohngebäude das 1,25-fache der Höchstwerte der GEG-Anlage 3 um höchstens 40 % überschreiten.

FÜR FACHLEUTE

Das zu verwendende Berechnungsverfahren entspricht den Vorgaben des GEG im Teil 2 Abschnitt 3 Berechnungsgrundlagen und Verfahren.

Zudem erlaubt der § 50 GEG bestimmte Vereinfachungen bei der Erfassung der Gebäudedaten. Es können geometrische Abmessungen durch vereinfachtes Aufmaß ermittelt werden oder gesicherte Erfahrungswerte für Bauteile und Anlagenkomponenten verwendet werden. Erlaubt sind im Übrigen die allgemein anerkannten Regeln der Technik.

Wenn amtlich bekannt gemachte Vereinfachungen für die Datenaufnahme und die Ermittlung der energetischen Eigenschaften sowie gesicherte Erfahrungswerte verwendet werden, wird die Einhaltung allgemein anerkannter Regeln der Technik widerleglich vermutet.

Anforderungen an ein bestehendes Gebäude bei Erweiterung und Ausbau (nach § 51 GEG)

Das GEG betrachtet die **Erweiterung** und den **Ausbau** von Gebäuden gesondert.

Bei Wohn- und Nichtwohngebäuden sind dann die **Wärmeschutzanforderungen** der jeweiligen GEG-Referenzgebäude zu beachten. Die Wärmeverluste über die Gebäudehülle dürfen bei Wohngebäuden das 1,2-fache des Referenzgebäudes nicht überschreiten, Nichtwohngebäude das 1,25-fache.

Wenn der Ausbau größer ist als 50 m², sind zudem die Anforderungen an den sommerlichen Wärmeschutz, entsprechend § 14 GEG einzuhalten.

c) Energetische Anforderungen bei der Sanierung von Nichtwohngebäuden

Die energetischen Anforderungen bei der Sanierung von Nichtwohngebäuden gemäß dem GEG zielen darauf ab, die Energieeffizienz und Nachhaltigkeit in gewerblichen, öffentlichen und anderen Nichtwohngebäuden zu verbessern.

Auch hier wie bei Wohngebäuden bzgl. des § 47 GEG gilt, dass obere Geschossdecken bei Nichteinhaltung des Mindestwärmeschutzes nach DIN 4108-2 (Februar 2013) gedämmt werden müssen. Die Anforderungen sind die gleichen. Alternativ dazu darf das darüberliegende Dach gedämmt werden/gedämmt sein.

Auch bei baulichen Änderungen an den bestehenden Nichtwohngebäuden nach § 48 GEG gilt die Einhaltung von vorgegebenen U-Werten aus Anlage 7.

Hier gilt es aber zusätzlich zu berücksichtigen, dass nicht nur Temperaturbereiche > 19 °C mit U-Wert Vorgaben berücksichtigt werden, sondern auch Zonen in Nichtwohngebäuden mit Raum-Solltemperaturen von 12–19 °C.

Gleichbedeutend wie bei den Wohngebäuden gibt es nach § 50 GEG auch die Möglichkeit bei geänderten Nichtwohngebäuden anstelle des U-Wertes aus Anlage 7 den rechnerischen Nachweis als Bilanzierung des ganzen Gebäudes zu machen.

Hierbei darf der Jahres-Primärenergiebedarf für Heizung, Warmwasserbereitung, Lüftung, Kühlung und eingebaute Beleuchtung den auf die Nettogrundfläche bezogenen Wert des Jahres-Primärenergiebedarfs eines Referenzgebäudes, das die gleiche Geometrie, Nettogrundfläche, Ausrichtung, Nutzung und Anordnung der Nutzungseinheiten wie das geänderte Gebäude aufweist und der technischen Referenzausführung der Anlage 2 entspricht, um nicht mehr als 40 % überschreiten.

Auch der **Wärmeverlust** über die Hülle wird berücksichtigt. Hierbei darf der 1,25-fache Wert, der Höchstwerte der mittleren Wärmedurchgangskoeffizienten der wärmeübertragenden Umfassungsfläche um nicht mehr als 40 % überschritten werden.

Werden Erweiterungen oder Ausbauten an bestehenden Gebäuden durchgeführt (§ 51 GEG), dürfen bei Nichtwohngebäuden die mittleren **Wärmedurchgangskoeffizienten** der wärmeübertragenden Umfassungsfläche der Außenbauteile der neu hinzukommenden beheizten oder gekühlten Räume das auf eine Nachkommastelle gerundete 1,25-fache der Höchstwerte gemäß der Anlage 3 nicht überschreiten. Bei Wohngebäuden ist der Wert auf das 1,2-fache nach Anlage 1 festgelegt.

Zusätzlich gilt bei Nichtwohngebäuden, dass wenn die hinzukommende zusammenhängende Nutzfläche mehr als 100 % der Nutzfläche des bisherigen Gebäudes (Bestandsgebäude) beträgt, die Anforderungen nach §§ 18 und 19 GEG einzuhalten sind.

Dies bedeutet, dass der neue Gebäudeteil wie ein Neubau zu bewerten ist, ohne den Abschwächungsfaktor von 1,25 auf die Höchstwerte der mittleren Wärmedurchgangskoeffizienten der wärmeübertragenden Umfassungsfläche.

Zusätzlich wird auch hier eine Q_P-Berechnung wie im Neubau notwendig (§ 18 GEG).

d) Fördermöglichkeiten und Finanzierungsaspekte

Allgemeines

Die ab 2024 neu geschaffenen gesetzlichen Rahmenbedingungen im Bereich der Gebäudeenergieeffizienz – sprich die Fortschreibung des Gebäudeenergiegesetz – wurden auch an die Anpassung der bestehenden Förderlandschaft geknüpft, die durch die KfW-Kreditbank (kfw.de) und das Bundesamt für Wirtschaft und Ausfuhrkontrolle, kurz BAFA (www.bafa.de), bereitgestellt wird.

Neben der zuletzt Mitte 2023 aktualisierten Bundesförderung für effiziente Gebäude, „Wohngebäude", „Nichtwohngebäude" und „Klimafreundlicher Neubau" richtet sich dieses Kapitel an die **Bundesförderung für effiziente Gebäude** „Einzelmaßnahmen". Die Anpassungen der Bundesförderungen für effiziente Gebäude der vergangenen Jahre waren durch veränderte technische und wirtschaftliche Rahmenbedingungen notwendig geworden.

Grundsätzlich liegt der Fokus dieser Förderlandschaft auf den Investitionstatbeständen mit hohem THG-Einsparpotenzial pro Fördereuro. Für die Bundesförderung für effiziente Gebäude (BEG) wird eine jährliche Programmevaluation durchgeführt, die die Effizienz des Mitteleinsatzes im Hinblick auf die erzielten THG-Einsparungen und die Kohärenz zur CO_2-Bepreisung untersucht und in deren Rahmen auch die Menge der energetischen Biomassenutzung durch die geförderten Maßnahmen, die Auswirkungen auf die Luftqualität sowie perspektivisch auch Angaben zum Energieverbrauch berücksichtigt werden.

Förderziel und Zweck

Die BEG trägt dazu bei, die Treibhausgasemissionen im Gebäudesektor auf die zulässige Jahresemissionsmenge von rund 66 Mio. Tonnen $CO_{2\,Äq.}$ (angepasst gemäß § 4 Absatz 3 KSG) im Jahr 2030 zu mindern und somit sowohl die nationalen als auch die europäischen Energie- und Klimaziele bis 2030 zu erreichen. Auf Grundlage der Ausgestaltung und Mittelverfügbarkeit soll die BEG ab 2024 rund 3,2 Mio. Tonnen $CO_{2\,Äq.}$ pro Jahr einsparen.

Eigentumsrelevante Begriffe

„Selbstnutzende Eigentümer": (Mit-)Eigentümer von Wohngebäuden und Eigentumswohnungen, die sie zum Zeitpunkt der Antragstellung selbst als Haupt- oder alleinige Wohnung bewohnen. Die (Mit-)Eigentümerstellung wird durch Grundbuchauszug und die Haupt- oder alleinige Wohnung durch Meldebescheinigung nachgewiesen.

„Zu versteuerndes Haushaltsjahreseinkommen": ergibt sich aus dem Einkommen eines Kalenderjahres der im Haushalt wohnenden selbstnutzenden (Mit-) Eigentümer sowie deren im Haushalt lebenden Ehe- oder Lebenspartner oder dem Partner aus eheähnlicher Gemeinschaft zum Zeitpunkt der Antragstellung. Für das Haushaltsjahreseinkommen wird der Durchschnitt aus den zu versteuernden Einkommen des zweiten und dritten Jahres vor Antragseingang ermittelt. Das zu versteuernde Haushaltseinkommen wird anhand der Einkommensteuerbescheide des Finanzamts nachgewiesen.

Arten der Förderung

„Zuschussförderung": Die Förderung erfolgt als Projektförderung auf Ausgabenbasis in Form der Anteilfinanzierung (ein Teil der förderfähigen Ausgaben der Maßnahme wird gefördert) durch einen nicht rückzahlbaren Investitionszuschuss.

„Ergänzungskredit": Daneben kann ein zinsgünstiger Ergänzungskredit für die Finanzierung förderfähiger Ausgaben beantragt werden. Selbstnutzenden Eigentümern mit einem zu versteuernden Haushaltsjahreseinkommen von bis zu 90 000 Euro wird für die selbstgenutzte Wohneinheit ein zusätzlicher Zinsvorteil gewährt. Die Zinsverbilligung wird aus Mitteln des Bundes gewährt.

⚠ ACHTUNG

Für dieselben förderfähigen Ausgaben darf jeweils nur ein Antrag entweder bei der KfW oder dem BAFA gestellt werden; eine doppelte Antragstellung ist ausgeschlossen. Dies gilt nicht für die Kombination der Zuschussförderung mit dem Ergänzungskredit.

Eine Kumulierung mit der steuerlichen Förderung nach § 35a und § 35c des Einkommensteuergesetzes (EStG) ist ausgeschlossen.

Werden Ausgaben in Höhe eines beantragten Investitionszuschusses über einen Kredit nach dieser Förderrichtlinie zwischenfinanziert, ist der Kredit in Höhe dieses Betrages nach der Zuschussauszahlung vorzeitig zurückzuführen.

Die nach dieser Förderrichtlinie gewährten Förderungen an Unternehmen sind Subventionen im Sinne des § 264 des Strafgesetzbuchs. Im Antragsverfahren wird der Antragsteller daher bereits vor der Antragstellung auf die Strafbarkeit des Subventionsbetrugs und auf seine Mitteilungspflichten hingewiesen.

Umfang und Höhe der Förderung

Die Grafik am Ende dieses Abschnitts (s. Abb. 6) stellt Fördermöglichkeiten vollumfänglich dar. Darin entspricht die Grundförderung für die verschiedenen Heizungstechnologien nun einheitlich 30 %. Einzig für Wärmepumpen und Biomasseheizungen sind darüber hinausgehende Effizienz- und Emissionsboni vorgesehen.

Darüber hinaus sind die folgenden vier Punkte besonders beachtenswert.

Der iSFP-Bonus: Die Höchstgrenze der förderfähigen Ausgaben für energetische Maßnahmen, wie Einzelmaßnahmen an der Gebäudehülle, Anlagentechnik (exkl. Heizung) und Heizungsoptimierung, beträgt insgesamt 30.000 Euro pro Wohneinheit. Abweichend davon erhöht sich diese Höchstgrenze auf 60.000 Euro pro Wohneinheit, wenn für die Maßnahmen der **iSFP-Bonus** gewährt wird.

Fachplanung und Baubegleitung: Für förderfähige Ausgaben für die energetische Fachplanung und Baubegleitung beträgt der Fördersatz 50 %. Gefördert werden energetische Fachplanungs- und Baubegleitungsleistungen im Zusammenhang mit der Umsetzung von geförderten Maßnahmen. Hierzu zählen auch Ausgaben für den rechnerischen Nachweis zur Einhaltung der 65-%-Erneuerbare-Energien-Anforderung nach § 71 GEG, sofern die gewählte Heizungstechnologie nicht unter die pauschalen Erfüllungsoptionen fällt. Diese Leistungen können nur gefördert werden, wenn sie durch einen Energieeffizienz-Experten oder einen zusätzlich zu diesem beauftragten Dritten erbracht werden.

NEU – Einkommens-Bonus: Dieser Bonus erweitert die Grundförderung um 30 % für selbstnutzende Eigentümer mit einem zu versteuernden Haushaltsjahreseinkommen von bis zu 40 000 Euro für deren selbstgenutzte Wohneinheiten im Falle der Heizungsmodernisierung.

NEU – Klimageschwindigkeits-Bonus: Auch dieser Bonus von 20 % richtet sich an selbstnutzende Eigentümer bei einer Heizungsmodernisierung. Ab 2029 reduziert sich der Bonus um 3 % alle zwei Jahre und entfällt ab 2037 komplett.

Weitere Bedingung ist der Austausch von funktionstüchtigen Öl-, Kohle-, Gas-Etagen- und Nachtspeicherheizungen. Funktionstüchtige Gasheizungen oder Biomasseheizungen müssen mindestens 20 Jahre alt sein. Voraussetzung für die Gewährung des Bonus ist eine fachgerechte Demontage und Entsorgung der ausgetauschten Heizung. Zudem müssen für diesen Bonus neue Biomasseheizungen mit einer solarthermischen Anlage oder einer PV-Anlage in Verbindung mit elektrischer Warmwasserbereitung oder einer Wärmepumpe zur Warmwasserbereitung und/oder Raumheizungsunterstützung kombiniert werden.

Ablauf der Förderung

Förderanträge für Investitionszuschüsse sind vor Vorhabenbeginn zu stellen.

⚠ ACHTUNG

NEU – Bei Antragstellung muss ein Lieferungs- oder Leistungsvertrag, geschlossen unter Vereinbarung einer auflösenden oder aufschiebenden Bedingung der Förderzusage, vorliegen, aus dem sich das voraussichtliche Datum der Umsetzung der beantragten Maßnahme ergibt.

Abweichend davon kann für die Förderung von Heizungstechnik bei einem Vorhabenbeginn zwischen dem Datum der Veröffentlichung der Förderrichtlinie und dem 31.8.2024 der Förderantrag bis zum 30.11.2024 nachgeholt werden.

Als Vorhabenbeginn gilt grundsätzlich der Abschluss eines der Ausführung zuzurechnenden Lieferungs- oder Leistungsvertrags.

Planungs- und Beratungsleistungen dürfen vor Antragstellung erbracht werden und führen für sich genommen nicht zur Annahme eines Vorhabenbeginns.

Heizungstausch planen

Starten Sie mit der Planung Ihrer energetischen Sanierungsmaßnahme zusammen mit ihrem Energie-Effizienz-Experten und oder Ihrem ausgewählten Fachunternehmen.

Entscheiden Sie sich für die Erstellung eines individuellen Sanierungsfahrplans für Ihr Gebäude.

Planen Sie die Beauftragung eines oder mehrerer Fachunternehmen, entsprechend der Empfehlung ihres Energie-Effizienz-Experten

(voraussichtlich ab dem 1.2.2024)

Registrieren Sie sich (ggf. durch ihren Energie-Effizienz-Experten)

(voraussichtlich ab dem 27.2.2024)

Nach der Beauftragung der Fachunternehmen können Sie Ihren Zuschuss und/oder Ergänzungskredit beantragen.

Ihren **Zuschussantrag** stellen Sie direkt im Kundenportal „Meine KfW". Hierfür benötigen Sie die Bestätigung zum Antrag (BzA), die Ihr Energie-Effizienz-Experte oder Ihr Fachunternehmem für Sie erstellt.

Den **Ergänzungskredit** beantragen Sie bei Ihrem Finanzierungspartner. **Wichtig**: Den Kredit erhalten Sie nur in Kombination mit einer Zuschusszusage der KfW für die Heizungsförderung und/oder einem Zuwendungsbescheid des BAFA für energetische Einzelmaßnahmen.

Übergangsregelung: Ab der Veröffentlichung der Förderrichtline im Bundesanzeiger kann der Heizungstausch beauftragt/umgesetzt und ein Förderantrag später nachgeholt werden. Diese übergangsweise Ausnahme gilt nur für Vorhaben, die bis 31.8.2024 begonnen werden und für die der Förderantrag bis zum 30.11.2024 nachgeholt wird.

Hinweis: Die Förderung kann nur beantragt werden, solange die Fördermittel nicht ausgeschöpft sind. Es besteht kein Rechtsanspruch auf die Förderung.

Fördermöglichkeiten

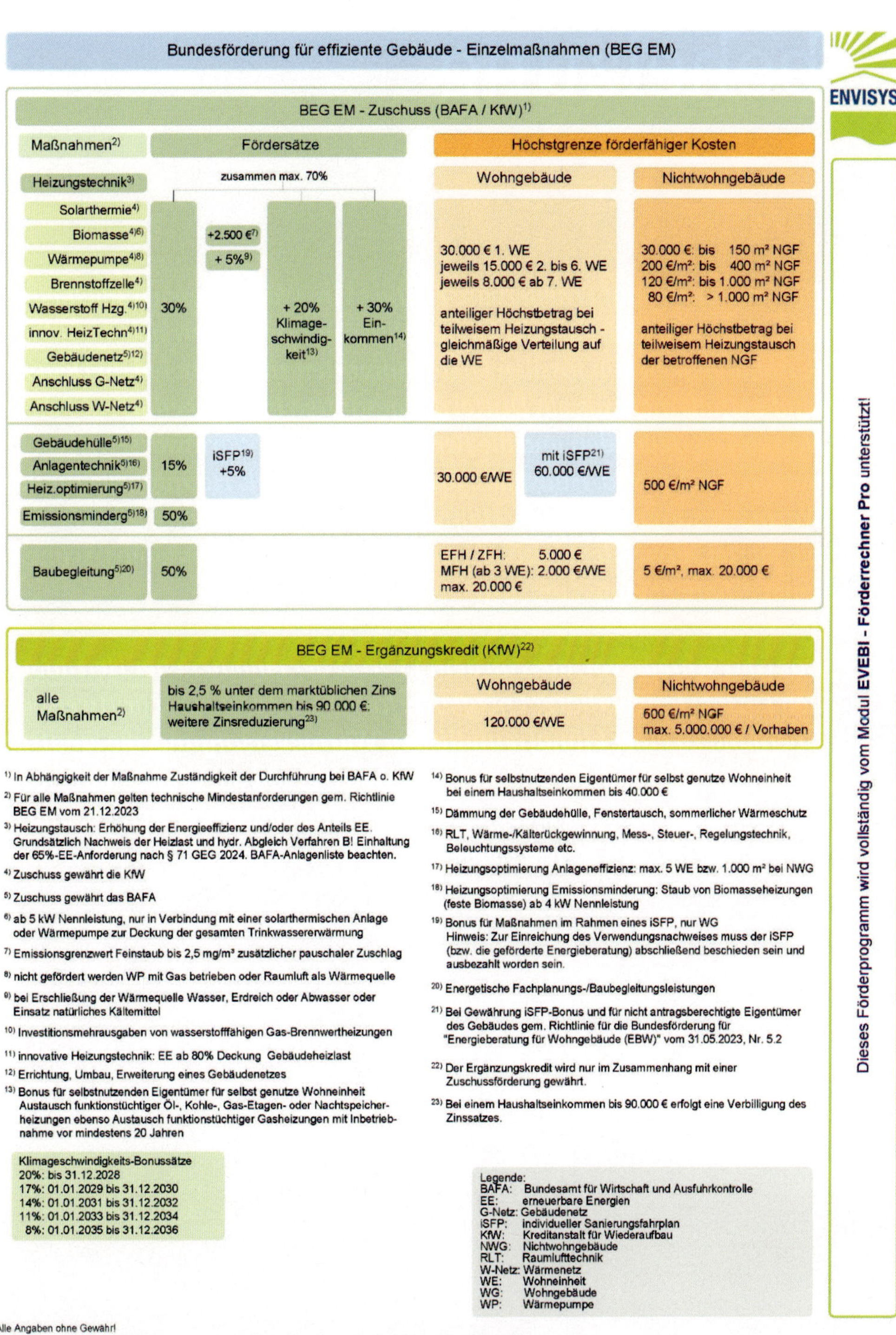

Abb. 6: Einzelmaßnahmen der Bundesförderung für effiziente Gebäude (Quelle: Verwendung dieser Grafik erfolgt mit der freundlichen Genehmigung durch ENVISYS)

5 Umsetzung Erneuerbarer Energien in der Gebäudebeheizung

Die Umstellung auf Erneuerbare Energien im Wärmebereich spielt eine entscheidende Rolle, um die klimapolitischen Ziele zu erreichen und unsere Abhängigkeit von fossilen Energieimporten zu reduzieren. In Deutschland entfällt mehr als ein Drittel des gesamten Energiebedarfs auf das Heizen von Gebäuden und die Bereitstellung von Warmwasser. Aktuell nutzen rund 41 Mio. Haushalte ***fossile Energien*** *als Hauptquelle für ihre Wärmeversorgung. Fast die Hälfte davon heizt mit Erdgas, und ein weiteres Viertel verwendet Heizöl. Es ist daher dringend erforderlich, schnell auf Erneuerbare Energien umzusteigen.*

Das GEG schreibt vor, dass ab dem 1.1.2024 der Einbau neuer Heizungen den Einsatz Erneuerbarer Energien erfordert. Dies ist ein schrittweiser Übergang zu einer ***klimafreundlichen Wärmeversorgung****, die langfristig planbar, kostengünstig und stabil ist. Ab 2045 soll die Verwendung fossiler Energieträger im Gebäudebereich vollständig eingestellt werden, und alle Heizungen müssen zu 100 % mit Erneuerbaren Energien betrieben werden.*

a) Einleitung

Ab 2024 müssen **neu installierte Heizungen** mindestens zu 65 % Erneuerbare Energien nutzen. In Neubaugebieten gilt diese Regelung ab dem 1.1.2024 direkt. Für bestehende Gebäude und Neubauten außerhalb dieser Gebiete gibt es längere **Übergangsfristen.** In Großstädten mit mehr als 100.000 Einwohnern wird die Nutzung klimafreundlicher Energien spätestens ab dem 30.6.2026 beim **Heizungswechsel** zur Pflicht. In kleineren Städten ist der Stichtag der 30.6.2028. Frühere Fristen können gelten, wenn es bereits eine Entscheidung zur Gebietsausweisung für ein Wärmenetz gibt, die in einen kommunalen Wärmeplan einfließt.

Aber was genau ist eine kommunale Wärmeplanung?

Städte und Gemeinden spielen eine Schlüsselrolle bei der Umsetzung der **Wärmewende.** Viele Entscheidungen zur Organisation der Wärmeversorgung und zum Ausbau der Infrastruktur werden vor Ort getroffen. Daher entwickeln die Kommunen sog. **Wärmeplanungen.** Diese zeigen bspw., ob in einem bestimmten Gebiet ein Anschluss an ein Fernwärmenetz voraussichtlich möglich ist, ob die Wärmeversorgung dezentral erfolgen wird (zB durch **Wärmepumpen**) oder ob das Gasnetz vor Ort möglicherweise auf Wasserstoff umgerüstet wird. Basierend auf diesen Informationen können Eigentümer entscheiden, ob sie die Option einer zentralen Wärmeversorgung nutzen oder sich für andere technische Lösungen entscheiden, wenn sie auf erneuerbare Heizmethoden umsteigen möchten. Abb. 7 zeigt schematisch die verschiedenen Umstiegsmöglichkeiten zum Heizen mit Erneuerbaren Energien.

TIPP

Erneuerbare Energien im Sinne des GEG sind

- Geothermie,
- Umweltwärme,
- die technisch durch im unmittelbaren räumlichen Zusammenhang mit dem Gebäude stehenden Anlagen zur Erzeugung von Strom aus solarer Strahlungsenergie oder durch solarthermische Anlagen zur Wärme- oder Kälteerzeugung nutzbar gemachte Energie,
- die technisch durch gebäudeintegrierte Windkraftanlagen zur Wärme- oder Kälteerzeugung nutzbar gemachte Energie,
- die aus fester, flüssiger, gasförmiger Biomasse erzeugte Wärme; die Abgrenzung erfolgt nach dem Aggregatzustand zum Zeitpunkt des Eintritts der Biomasse in den Wärmeerzeuger; oder
- die aus grünem Wasserstoff oder den daraus hergestellten Derivaten erzeugte Wärme oder
- die dem Erdboden oder dem Wasser entnommene und technisch nutzbar gemachte oder aus Wärme nach den Punkten 1 bis 6 technisch nutzbar gemachte Kälte.

b) Anforderungen an den Einsatz Erneuerbarer Energien im Gebäudebereich

Die Regelungen bzgl. Heizungsanlagen sind im § 71 GEG festgelegt. Wenn eine Heizungsanlage in einem Gebäude eingebaut oder aufgestellt wird, muss sie mindestens 65 % der bereitgestellten Wärme aus Erneuerbaren Energien oder unvermeidbarer Abwärme produzieren. Dies gilt auch für Anlagen, die in ein Gebäudenetz einspeisen.

TIPP

Gebäudeeigentümer können frei entscheiden, welche Anlage sie verwenden möchten. Sie müssen jedoch den Nachweis erbringen, dass ihre Wahl den Anforderungen entspricht. Dieser Nachweis basiert auf der DIN V 18599: 2018-09 und muss vor Inbetriebnahme durch eine berechtigte Person erstellt werden.

Energieberater mit bautechnischer, ingenieurwissenschaftlicher, handwerklicher oder technischer Qualifikation sind zu finden unter www.energie-effizienz-experten.de.

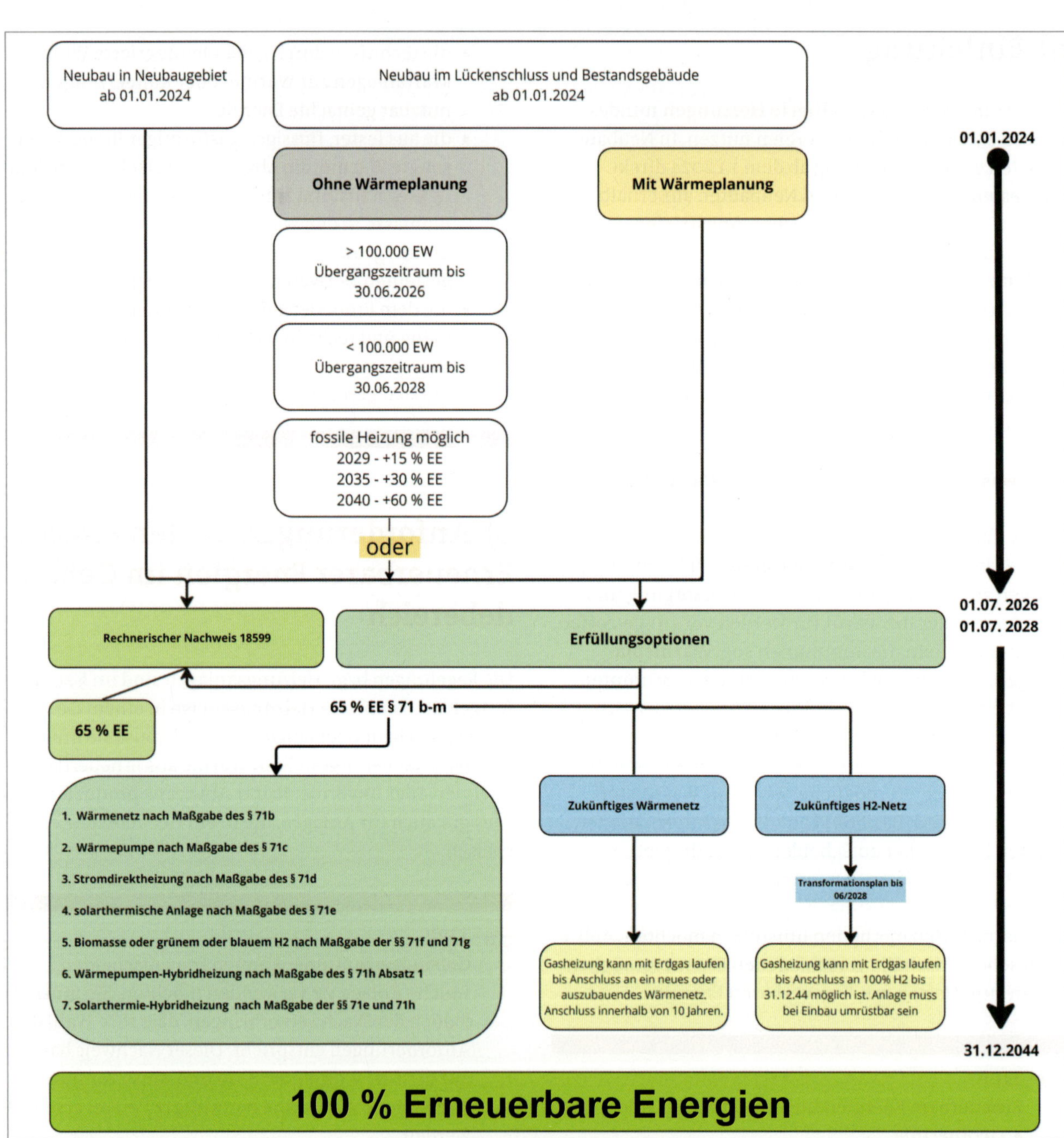

Abb. 7: Pfade der Wärmeplanung (Quelle: ZIV)

Es gibt spezielle Arten von Heizungsanlagen, bei denen automatisch angenommen wird, dass sie die Anforderungen erfüllen, wenn sie den gesamten Wärmebedarf eines Gebäudes oder Gebäudenetzes decken. Dazu gehören:

1.	Der Anschluss an ein Wärmenetz	GEG neu, § 71 b
2.	Eine elektrische Wärmepumpe	GEG neu, § 71 c
3.	Biomassekessel für Stückholz, Hackschnitzel und Pellets, sowie automatisch beschickte Biomasseöfen mit Wasser als Wärmeträger	GEG neu, § 71 g
4.	Stromdirektheizung, bei Übererfüllung des im Neubau gesetzlich vorgeschriebenen Wärmeschutz	GEG neu, § 71 d
5.	Wärmepumpen- oder Solarthermie-Hybridheizung (Hybrid: Kombination mit einem Biomasse-, Gas- oder Öl-Heizkessen, zu Abdeckung der Spitzenlast	GEG neu, § 71 h
6.	Heizung auf der Basis von Solarthermie (falls Wärmebedarf damit komplett gedeckt)	GEG neu, § 71 e
7.	Gasförmige oder flüssige Biomasse, die nachweislich mindestens 65 % biogenen Ursprungs ist oder aus grünem oder blauen Wasserstoff erzeugt wird.	GEG neu, § 71 f

oder

Abb. 8: Arten von Heizungsanlagen, die Gesamtwärmebedarf des Gebäudes decken (Quelle: www.energiewechsel.de/KAENEF/Redaktion/DE/Dossier/geg-gesetz-fuer-erneuerbares-heizen.html)

Auf die einzelnen Möglichkeiten wird unter d) genauer eingegangen.

Die Regeln gelten je nach Art der Heizungsanlage entweder für das gesamte System oder nur für bestimmte Teile, wenn in einem Gebäude mehrere Heizungsanlagen vorhanden sind. Für Heizungsanlagen, die sowohl **Raumwärme** als auch **Warmwasser** erzeugen, gelten diese Vorgaben für das gesamte System. Wenn Raumwärme und Warmwasser separat erzeugt werden, gelten sie nur für das jeweilige Einzelsystem. Eine dezentrale Warmwasserbereitung, wenn diese elektrisch erfolgt, gilt ebenfalls als konform, wenn sie darüber hinaus elektronisch geregelt ist.

In bestehenden Gebäuden gelten Übergangsfristen, je nach Größe der Gemeinde. In größeren Städten ab 100.000 Einwohnern müssen ab spätestens 30.6.2026 umweltfreundlichere Heizungsanlagen installiert werden, während kleinere Städte unter 100.000 Einwohner bis zum 30.6.2028 Zeit haben.

⚠ ACHTUNG

Wenn es eine Entscheidung zur Gebietsausweisung für ein Wärmenetz gibt, die in einen kommunalen Wärmeplan einfließt, gelten die Anforderungen an die 65 % Regel einen Monat nach Bekanntgabe des Wärmeplans.

Wenn Heizungsanlagen, die flüssige oder gasförmige Brennstoffe verwenden, nach dem 31.12.2023 bis zum vorliegenden **Wärmeplan** oder spätestens bis 30.6.2026/2028 installiert werden, müssen sie schrittweise einen bestimmten Prozentsatz ihrer Wärme aus Biomasse oder Wasserstoff erzeugen: Ab dem 1.1.2029 mindestens 15 %, ab dem 1.1.2035 mindestens 30 % und ab dem 1.1.2040 mindestens 60 %.

TIPP

Bevor eine Heizungsanlage, die feste, flüssige oder gasförmige Brennstoffe verwendet, installiert wird, muss eine verpflichtende Beratung durchgeführt werden. Dabei geht es um die Auswirkungen auf die Umwelt und die Wirtschaftlichkeit der Anlage, insbesondere im Hinblick auf die steigenden CO_2-Kosten. Fachkundig sind insbesondere Schornsteinfeger, Installateure und Heizungsbauer, Kälteanlagenbauer, Ofen- und Luftheizungsbauer, Elektrotechniker oder Energieberater, die auf der Energieeffizienz-Expertenliste für Förderprogramme des Bundes stehen.

Es gibt auch Ausnahmen für Heizungsanlagen, für die vor dem 19.4.2023 Verträge abgeschlossen wurden und die bis zum 18.10.2024 installiert werden und für alle Heizungsanlagen, die ausschließlich für die Versorgung von Gebäuden im Zusammenhang mit Landes- und Bündnisverteidigung dienen. Diese Anlagen müssen keine der Anforderungen des § 71 GEG einhalten.

In § 102 GEG werden **Befreiungen** geregelt. Die nach Landesrecht zuständigen Behörden können auf Antrag des Eigentümers oder Bauherren von bestimmten Anforderungen des Gesetzes befreien, insbesondere wenn die Ziele des Gesetzes auf andere Weise erreicht werden oder wenn die Umsetzung zu einer unbilligen Härte führen würde. Dabei werden verschiedene Kriterien für **„unbillige Härte“** angeführt, wie unverhältnismäßige Kosten im Vergleich zu Einsparungen, Investitionskosten im Vergleich zum Gebäudewert und besondere persönliche Umstände. Eigentümer, die Sozialleistungen erhalten, können von bestimmten Anforderungen befreit werden, wobei diese Befreiung nach zwölf Monaten erlischt, wenn nicht eine alternative Heizungsanlage installiert wurde.

c) Verpflichtungen bei Außerbetriebnahme

§ 72 GEG regelt das **Betriebsverbot** für Heizkessel. Eigentümer von Gebäuden sind nicht mehr berechtigt, Heizkessel, die mit flüssigem oder gasförmigem Brennstoff betrieben werden und vor dem 1.1.1991 installiert wurden, weiterhin zu betreiben. Für Heizkessel, die ab dem 1.1.1991 installiert wurden, gilt ein Betriebsverbot nach Ablauf von 30 Jahren nach ihrer Installation.

Das Verbot gilt nicht für Niedertemperatur-Heizkessel und Brennwertkessel. Auch heizungstechnische Anlagen mit einer Nennleistung unter vier Kilowatt oder über 400 Kilowatt sowie Anlagen, die Teil einer Wärmepumpen-Hybridheizung oder einer Solarthermie-Hybridheizung nach §71h GEG sind, fallen nicht unter das Verbot.

Weiterhin sind auch hier durch den §73 GEG vom Betriebsverbot ausgenommen, Wohngebäude mit höchstens zwei Wohneinheiten, die seit Inkrafttreten der Energieeinsparverordnung am 1.2.2002 eine dieser Wohneinheiten selbst bewohnt haben. Es gilt ebenso, dass mit dem ersten Eigentumsübergang dieser Bestandsschutz erlischt und der entsprechende Heizkessel innerhalb einer Frist von zwei Jahren modernisiert werden muss.

⚠ ACHTUNG

Heizkessel müssen, unabhängig von ihrem Installationsdatum, spätestens bis zum 31.12.2044 den Betrieb mit fossilen Brennstoffen einstellen.

d) Technische Lösungen und Anforderungen an die unterschiedlichen Technologien

Gebäudeautomation bei Nichtwohngebäuden

§71a GEG behandelt die Anforderungen an die **Gebäudeautomation** von **Nichtwohngebäuden.** Bis zum 31.12.2024 müssen Gebäude mit einer Heizungs-, kombinierten Raumheizungs- und Lüftungsanlage oder einer Klima- und Lüftungsanlage, die eine Nennleistung von mehr als 290 Kilowatt aufweisen, mit einem Gebäudeautomatisierungssystem ausgestattet sein. Dieses System muss folgende Fähigkeiten besitzen:

- Kontinuierliche Überwachung, Aufzeichnung und Analyse des Energieverbrauchs von Hauptenergieträgern und aller gebäudetechnischen Systeme.
- Datenzugriff über eine allgemeine, frei konfigurierbare Schnittstelle, die unabhängige Auswertungen erlaubt.
- Festlegung von Energieeffizienz-Zielwerten für das Gebäude.
- Erkennung von Effizienzverlusten in gebäudetechnischen Systemen.
- Information über mögliche energetische Optimierungen an zuständige Personen.

Zudem ist eine für das **Gebäude-Energiemanagement** verantwortliche Person oder Firma zu bestimmen, um Energieoptimierungspotenziale zu analysieren und umzusetzen.

Für neu zu errichtende Nichtwohngebäude gelten zusätzliche Anforderungen:

- Installation eines Gebäudeautomatisierungssystems nach der DIN-Norm V 18599-11: 2018-09 (Automatisierungsgrad B) oder besser.
- Ein technisches Inbetriebnahme-Management, inklusive der Einstellung von gebäudetechnischen Anlagen für optimalen Betrieb. Dies muss mindestens über eine Heiz- und eine Kühlperiode gehen.

Das Gebäudeautomatisierungssystem sollte zudem eine Kommunikation zwischen verschiedenen gebäudetechnischen Systemen ermöglichen, auch wenn diese von verschiedenen Herstellern stammen.

Bestehende Gebäude, die schon über ein System gemäß DIN V 18599-11: 2018-09 verfügen, müssen bis Ende 2024 ebenfalls diese Kommunikationsfähigkeit zwischen unterschiedlichen Systemen sicherstellen.

Wärmenetze

§71b GEG legt die Anforderungen fest, die bei einem Anschluss an ein Wärmenetz zu erfüllen sind und definiert die Pflichten für **Wärmenetzbetreiber.**

Wenn eine **Hausübergabestation** an ein neues Wärmenetz angeschlossen wird, dessen Baubeginn nach dem 31.12.2023 liegt, muss der Wärmenetzbetreiber sicherstellen, dass dieses Netz den zum Zeitpunkt des Anschlusses gültigen rechtlichen Anforderungen entspricht. Als neues Wärmenetz wird dabei ein Netz definiert, das seine Wärme nicht oder im Jahresmittel zu weniger als 20 % aus einem bestehenden vorgeschalteten Wärmenetz bezieht, sei es durch direkte hydraulische Verbindung, thermische Verbindung oder indirekte Wärmeübertragung. Der Wärmenetzbetreiber ist verpflichtet, dem Verantwortlichen schriftlich zu bestätigen, dass diese Anforderungen zum Zeitpunkt des Netzanschlusses erfüllt sind.

Für Hausübergabestationen, die an ein Wärmenetz angeschlossen werden, dessen Baubeginn vor dem 1.1.2024 liegt und in welchem weniger als 65 % der gesamten verteilten Wärme aus Erneuerbaren Energien oder unvermeidbarer Abwärme stammt, gelten ähnliche Vorschriften. Auch hier muss der Wärmenetzbetreiber die Einhaltung der rechtlichen Vorgaben sicherstellen und dem Verantwortlichen schriftlich bestätigen, dass die Anforderungen zum Zeitpunkt des Netzanschlusses erfüllt sind.

Diese schriftliche Bestätigung des Wärmenetzbetreibers ist für den gemäß § 71 Abs. 1 GEG Verantwortlichen gleichbedeutend mit der Erfüllung der in den Abs. 1 und 2 gestellten Anforderungen.

Wärmepumpen

§ 71c GEG legt die Anforderungen für die Nutzung elektrischer **Wärmepumpen** fest. Demnach werden die Voraussetzungen der 65 % Erneuerbaren-Energien-Anforderung als erfüllt betrachtet, wenn eine oder mehrere elektrische Wärmepumpen in der Lage sind, den gesamten Wärmebedarf eines Gebäudes oder mehrerer über ein Netzwerk miteinander verbundener Gebäude zu decken.

Stromdirektheizung

§ 71d GEG regelt die Anforderungen an die Nutzung einer **Stromdirektheizung** in Gebäuden. Für neu zu errichtende Gebäude darf eine Stromdirektheizung nur dann in Betrieb genommen werden, wenn das Gebäude die vorgegebenen Anforderungen an den baulichen Wärmeschutz gemäß §§ 16 und 19 GEG um mindestens 45 % übertrifft. Bei bestehenden Gebäuden darf eine solche Heizung nur dann installiert werden, wenn das Gebäude die Wärmeschutzanforderungen um mindestens 30 % übertrifft. Allerdings muss ein bestehendes Gebäude, das bereits eine wasserbasierte Heizung besitzt, diese Anforderungen sogar um 45 % übertreffen, um den Einbau einer Stromdirektheizung zu erlauben.

☞ **TIPP**
Der Nachweis, dass die Wärmeschutzanforderungen erfüllt sind, muss von einer gemäß § 88 GEG berechtigten Person erbracht werden. Der Eigentümer des Gebäudes ist verpflichtet, diesen Nachweis für mindestens zehn Jahre aufzubewahren und auf Anfrage der zuständigen Landesbehörde vorlegen.

Ausnahmen: Bei Austausch einer einzelnen Einzelraum-Stromdirektheizung in einem bestehenden Gebäude muss keine Anforderung an den baulichen Wärmeschutz erfüllt werden. Zudem gelten die festgelegten Anforderungen nicht für Stromdirektheizungen in Gebäuden mit Räumen von über 4 Metern Höhe oder in Wohngebäuden mit maximal zwei Wohnungen, von denen der Eigentümer eine selbst bewohnt.

Solaranlagen

§ 71e GEG legt Anforderungen an **solarthermische Anlagen** fest, die Flüssigkeiten als Wärmeträger nutzen. Wenn eine solche Anlage installiert wird, ist es zwingend notwendig, dass die in der Anlage enthaltenen Kollektoren oder das gesamte System mit dem europäischen Prüfzeichen „Solar Keymark" zertifiziert sind.

Biomasse oder grüner/blauer Wasserstoff

Gemäß § 71f GEG müssen Betreiber von Heizungsanlagen, die flüssige oder gasförmige Brennstoffe verwenden, sicherstellen, dass mindestens 65 % der bereitgestellten Wärme aus **Biomasse** oder **grünem/blauem Wasserstoff** und deren Derivaten stammen. Bei der Verwendung flüssiger Biomasse müssen die Standards der Biomassestrom-Nachhaltigkeitsverordnung vom 2.12.2021 beachtet werden. Für Biomethan und biogenes Flüssiggas gelten bestimmte Regelungen des § 22 Abs. 1 GEG. Beim Einsatz von grünem oder blauem Wasserstoff aus netzgebundenen Systemen muss die entnommene Menge am Jahresende der ins Netz eingespeisten Menge entsprechen und es sind Massebilanzsysteme für den gesamten Transport und Vertrieb zu verwenden. Bei anderen Nutzungen von grünem oder blauem Wasserstoff gelten ähnliche Regelungen bzgl. Menge und Massebilanzsystemen. Des Weiteren darf der für die Erzeugung von gasförmiger Biomasse verwendete Getreidekorn- oder Maisanteil in jedem Kalenderjahr höchstens 40 Masseprozent betragen.

Feste Biomasse

§ 71g GEG stellt Anforderungen an Feuerungsanlagen mit fester Biomasse. Erstens muss die Verwendung in einem automatisch beschickten Biomasseofen mit Wasser als Wärmeträger oder einem Biomassekessel erfolgen. Zweitens darf ausschließlich Biomasse nach § 3 Abs. 1 Nr. 4, 5, 5a, 8 oder Nr. 13 der 1. BImSchV verwendet werden. Die 1. BImSchV, Erste Verordnung zur

Durchführung des **Bundes-Immissionsschutzgesetzes,** gilt für die Errichtung, die Beschaffenheit und den Betrieb von Feuerungsanlagen, die nach dem Bundes-Immissionsschutzgesetz genehmigungsfrei sind, sowie von Feuerungsanlagen zur Verbrennung von gasförmigen oder flüssigen Brennstoffen mit einer Feuerungswärmeleistung von 1 Megawatt oder mehr. Als Erneuerbare Energien im Sinn des GEG zählen nicht alle festen Brennstoffe, die in der 1. BImSchV genannt sind, sondern nur die folgenden:

- (Nr. 4) stückiges Holz einschließlich anhaftender Rinde, insbesondere in Form von Scheitholz und Hackschnitzeln, sowie Reisig und Zapfen,
- (Nr. 5) naturbelassenes, nicht stückiges Holz, insbesondere in Form von Sägemehl, Spänen und Schleifstaub, sowie Rinde,
- (Nr. 5a) Presslinge aus naturbelassenem Holz in Form von Holzbriketts nach DIN 51731, Ausgabe Oktober 1996, oder in Form von Holzpellets nach den brennstofftechnischen Anforderungen des DINplus-Zertifizierungsprogramms „Holzpellets zur Verwendung in Kleinfeuerstätten nach DIN 51731-HP 5", Ausgabe August 2007, sowie andere Holzbriketts oder Holzpellets aus naturbelassenem Holz mit gleichwertiger Qualität,
- (Nr. 8) Stroh und ähnliche pflanzliche Stoffe, nicht als Lebensmittel bestimmtes Getreide wie Getreidekörner und Getreidebruchkörner, Getreideganzpflanzen, Getreideausputz, Getreidespelzen und Getreidehalmreste sowie Pellets aus den vorgenannten Brennstoffen und
- (Nr. 13) sonstige nachwachsende Rohstoffe, soweit diese die Anforderungen nach § 3 Abs. 5 1. BlmSchV einhalten.

Drittens muss sichergestellt werden, dass die eingesetzte Biomasse den Vorgaben der Verordnung (EU) 2023/1115 entspricht. Diese EU-Verordnung, veröffentlicht am 9.6.2023, regelt die Bereitstellung von Rohstoffen und Erzeugnissen in Verbindung mit Entwaldung und Waldschädigung im EU-Binnenmarkt und deren Export aus der Union. Das Hauptziel dieser Regelung ist es, die Verwendung von Biomasse in Übereinstimmung mit den aktuellen EU-Standards zur Verhinderung von Entwaldung sicherzustellen.

Hybridheizungen

Gemäß § 71h GEG werden die Anforderungen an **Wärmepumpen-Hybridheizungen** und Solarthermie-Hybridheizungen geregelt:

Bei **Wärmepumpen-Hybridheizungen,** die aus einer elektrisch betriebenen Wärmepumpe und einer Gas-, Biomasse- oder Flüssigbrennstofffeuerung bestehen, müssen folgende Bedingungen erfüllt sein:

- Die Wärmepumpe hat Vorrang, sodass der Spitzenlasterzeuger nur dann zum Einsatz kommt, wenn der Wärmebedarf von der Wärmepumpe nicht mehr gedeckt werden kann.
- Die kombinierten Wärmeerzeuger müssen über eine gemeinsame, fernsteuerbare Regelung verfügen.
- Falls gasförmige oder flüssige Brennstoffe verwendet werden, muss der Spitzenlasterzeuger ein Brennwertkessel sein. Zusätzlich muss die thermische Leistung der Wärmepumpe, bei bivalent parallelem oder bivalent teilparallelem Betrieb mindestens 30 % der Heizlast, bei bivalent alternativem Betrieb mindestens 40 % des von der Wärmepumpen-Hybridheizung versorgten Gebäudes oder Gebäudeteils betragen.

Für **Solarthermie-Hybridheizungen,** kombiniert aus einer solarthermischen Anlage und einer Gas-, Biomasse- oder Flüssigbrennstofffeuerung, gelten folgende Anforderungen:

- Die solarthermische Anlage muss bestimmte Anforderungen an die Aperturfläche (die Lichteintrittsfläche der Solarthermie-Module) erfüllen, abhängig von der Art und Größe des Gebäudes. 1-2 Wohneinheiten: 0,07m^2/m^2NF, >2 Wohneinheiten und Nichtwohngebäude: 0,06 m^2/m^2NF. Bei Verwendung von Vakuumröhrenkollektoren reduziert sich die Mindestfläche um 20 %.
- Bei der Biomasse, Gas- oder Flüssigbrennstofffeuerung muss mindestens 60 % der bereitgestellten Wärme aus Biomasse oder grünem oder blauem Wasserstoff oder deren Derivaten stammen.
- Falls die Aperturfläche der solarthermischen Anlage kleiner ist als die in Punkt 1 genannte, wird der erforderliche Anteil von Wärme aus Biomasse oder grünem

oder blauem Wasserstoff entsprechend dem Anteil der tatsächlich eingesetzten Aperturfläche erhöht.

Allgemeine Übergangsfristen

§ 71i GEG regelt eine allgemeine **Übergangsfrist** in Bezug auf den Austausch von Heizungsanlagen.

 **TIPP**

Bei einem Heizungsaustausch wird eine Übergangsfrist von maximal fünf Jahren gewährt. In dieser Übergangszeit ist es erlaubt, eine alte Heizungsanlage durch eine andere zu ersetzen und diese zu betreiben, auch wenn die neue Heizungsanlage nicht die Anforderungen des § 71 Abs. 1 GEG erfüllt. Die festgelegte Frist beginnt ab dem Tag, an dem erstmalige Arbeiten zum Austausch der Heizungsanlage durchgeführt werden. Bei einem weiteren Heizungsaustausch innerhalb der fünfjährigen Frist bleibt der Fristbeginn des erstmaligen Austauschs der alten Heizungsanlage bestehen. Ausnahmen gibt es für Etagenheizungen, Einzelraumfeuerungsanlagen und Hallenheizungen, deren Übergangsfristen in §§ 71l und m GEG geregelt werden.

Frist für Wärmenetznutzung

Zusammenfassend regelt § 71j GEG die Bedingungen und Fristen für den Anschluss von Gebäuden an ein neues oder erweitertes **Wärmenetz** sowie die Rechte und Pflichten der Gebäudeeigentümer und Wärmenetzbetreiber. Bis zum Anschluss an ein Wärmenetz kann eine Heizungsanlage installiert und betrieben werden, selbst wenn sie nicht den Anforderungen des § 71 GEG entspricht. Hierfür müssen jedoch bestimmte Bedingungen erfüllt sein: Der Gebäudeeigentümer muss einen Vertrag vorweisen, der eine Lieferung von mindestens 65 % Wärme aus Erneuerbaren Energien oder unvermeidbarer Abwärme garantiert. Zudem muss der Wärmenetzbetreiber einen Ausbau- und Dekarbonisierungsplan des Wärmenetzes mit festgelegten Meilensteinen präsentiert haben und sich verpflichten, das Netz innerhalb von zehn Jahren in Betrieb zu nehmen. Wenn jedoch festgestellt wird, dass der **Wärmenetzausbau** nicht wie geplant fortgesetzt wird, müssen neu installierte Heizungsanlagen die gesetzlichen Anforderungen innerhalb von drei Jahren erfüllen. Sollte die Heizungsanlage nach Ablauf der zehnjährigen Frist nicht mit 65 % Erneuerbarer Energie versorgt werden, muss der Gebäudeeigentümer innerhalb weiterer drei Jahre die geforderten Anforderungen einhalten. Der Gebäudeeigentümer hat das Recht auf Erstattung von entstandenen Mehrkosten, wenn es nicht zum vertraglich festgelegten Anschluss an das Wärmenetz kommt.

Frist für Wasserstoffnutzung

§ 71k GEG regelt die Übergangsfristen für Heizungsanlagen, die sowohl Erdgas als auch 100 % **Wasserstoff** verbrennen können. Eine solche Heizungsanlage kann in Betrieb genommen und betrieben werden, ohne die Anforderungen nach § 71 GEG zu erfüllen, wenn bestimmte Bedingungen erfüllt sind:

- Das Gebäude muss in einem Gebiet liegen, das bis spätestens Ende 2044 vollständig mit Wasserstoff versorgt werden soll.
- Eine Heizungsanlage als umrüstbar auf 100 % Wasserstoff gilt, wenn sie mit minimalen Änderungen auf Wasserstoff umgestellt werden kann. Der Nachweis dafür kann durch eine Erklärung des Herstellers oder Handwerkers erbracht werden.

Der Betreiber des Gasverteilernetzes muss gemeinsam mit der landesrechtlich zuständigen Stelle bis Ende Juni 2028 einen verbindlichen Fahrplan für die Umstellung auf Wasserstoff bis Ende 2044 veröffentlichen. Nach Genehmigung durch die **Bundesnetzagentur** (BNetzA) wird dieser Fahrplan veröffentlicht und alle drei Jahre überprüft. Die BNetzA prüft die technische und wirtschaftliche Umsetzbarkeit sowie die Versorgungssicherheit. Falls die BNetzA feststellt, dass der Fahrplan nicht eingehalten wird oder die Umstellung nicht weiterverfolgt wird, müssen neu installierte Heizungsanlagen innerhalb von drei Jahren die Anforderungen von § 71 GEG erfüllen. Im Falle einer solchen Entscheidung hat der Gebäudeeigentümer Anspruch auf Erstattung von Mehrkosten vom Betreiber des Gasverteilernetzes, es sei denn, dieser ist nicht verantwortlich für die entstandenen Mehrkosten.

Frist für Etagenheizung und Einzelraumfeuerstätten

§ 71l GEG legt die Übergangsfristen für Gebäude mit **Etagenheizungen** oder **Einzelraumfeuerungsanlagen** fest. Wenn in einem Gebäude mindestens eine Etagenheizung oder Einzelraumfeuerungsanlage betrieben wird, gelten die Anforderungen des § 71 Abs. 1 GEG erst fünf Jahre, nachdem die erste Etagenheizung, Einzelraumfeuerungsanlage oder zentrale Heizungsanlage ausgetauscht wurde. Sollte der Verantwortliche jedoch beschließen, von einer Etagenheizung auf eine zentrale Heizungsanlage umzustellen, verlängert sich diese Frist um die Bauzeit der zentralen Anlage, maximal jedoch um acht Jahre. Spätestens 13 Jahre nach dem ersten Austausch müssen alle Einheiten, die von dieser zentralen Umstellung betroffen sind, an diese angeschlossen werden, sobald ihre alten Etagenheizungen ausgetauscht werden müssen. Sollte innerhalb der Fünf-Jahres-Frist entschieden werden, dass weiterhin Etagenheizungen verwendet werden sollen, müssen neu installierte Etagenheizungen nach Ablauf dieser Frist die Anforderung an die 65 % Erneuerbare Energien einhalten. Anlagen, die innerhalb der fünf Jahre ausgetauscht wurden, haben ein weiteres Jahr Zeit bis zur Einhaltung des § 71 Abs. 1 GEG.

Wird innerhalb der 5-Jahres-Frist keine Entscheidung getroffen, ist der Verantwortliche dazu verpflichtet, vollständig auf eine zentrale Heizungsanlage umzustellen. Alle Entscheidungen bzgl. der Umstellung oder des Weiterbetriebs von Etagenheizungen oder Einzelraumfeuerstätten müssen dem **bevollmächtigten Bezirksschornsteinfeger** unverzüglich in Textform mitgeteilt werden.

Frist für Hallenheizungen

§ 71m GEG regelt Übergangsfristen bei **Hallenheizungen.** Abweichend von den Anforderungen des § 71 Abs. 1 GEG dürfen in Bestandsgebäuden mit einer Raumhöhe von über vier Metern bis zu zehn Jahre nach dem Austausch der ersten dezentralen Gebläse- oder Strahlungsheizung neue, einzelne dezentrale Gebläse- oder Strahlungsheizungen eingebaut oder aufgestellt und betrieben werden, sofern sie der besten verfügbaren Technik entsprechen. Ein Jahr nach Ablauf dieser Zehn-Jahres-Frist müssen alle dezentralen Gebläse- oder Strahlungsheizungen der Halle oder eine zentrale Heizungsanlage die 65 % Erneuerbaren-Energien-Regel erfüllen.

TIPP

Abweichend davon darf nach dieser Frist eine einzelne dezentrale Anlage für höchstens zwei Jahre eingebaut oder aufgestellt und betrieben werden. Nach diesen zwei Jahren muss das Heizsystem zu mindestens 65 % mit Erneuerbaren Energien betrieben werden, es sei denn, es kann nachgewiesen werden, dass der Endenergieverbrauch des Gebäudes für Raumwärme im Vergleich zum vorherigen System über ein Jahr hinweg um mindestens 40 % reduziert wurde. Wenn der Energieverbrauch um weniger als 40 %, aber mindestens 25 % reduziert wurde, kann der Unterschied zum 40 %-Ziel durch eine entsprechende Anpassung des Anteils Erneuerbarer Energien, bezogen auf die 65 %, ausgeglichen werden.

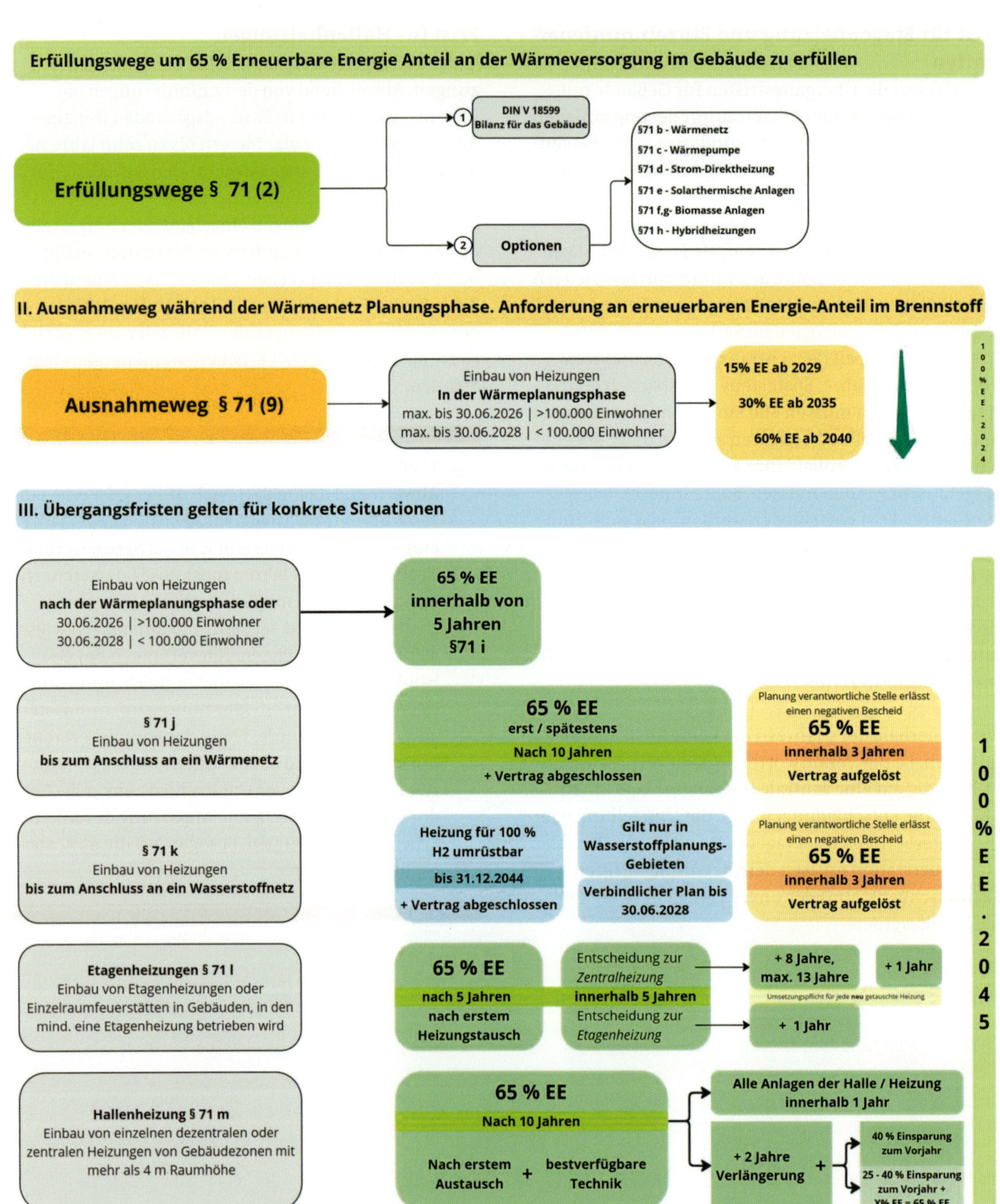

Abb. 9: Erfüllungswege zur Erreichung vom 65 % Erneuerbare-Energie-Anteil im Gebäude (Quelle: ZIV)

6 Verfahren für Gemeinschaften von Wohnungseigentümern

§ 71n GEG befasst sich mit den Verfahren für Gemeinschaften der Wohnungseigentümer in Bezug auf Etagenheizungen und Einzelraumfeuerstätten.

In Gebäuden, die Wohnungseigentum oder Teileigentum besitzen und mindestens eine Etagenheizung oder Einzelraumfeuerstätte haben, sind die Gemeinschaften der Wohnungseigentümer dazu verpflichtet, bis Ende 2024 beim bevollmächtigten Bezirksschornsteinfeger bestimmte Informationen zu erfragen.

Informationsfluss

Diese Informationen sind relevant für die Entscheidung über eine zentrale Wärmeversorgung. Die Daten beinhalten die Art, das Alter, die Funktionsfähigkeit und die Nennwärmeleistung der Anlagen. Der Bezirksschornsteinfeger muss diese Daten spätestens sechs Monate nach Anfrage übermitteln. Bis Ende 2024 muss die Gemeinschaft der Wohnungseigentümer außerdem von den Wohnungseigentümern Informationen über ihre Etagenheizungen und damit verbundene Anlagen und Ausstattungen anfordern. Diese Daten sind relevant, um festzustellen, ob Handlungsbedarf besteht, um die Anforderungen des § 71 Abs. 1 GEG zu erfüllen. Hierzu gehören Informationen über den Zustand der Heizungsanlage, alle Bestandteile der Heizungsanlage und Ausstattungen zur Effizienzsteigerung.

Mitteilungsfrist

Nach Ablauf der sechsmonatigen **Mitteilungsfrist** müssen die gesammelten Daten in zusammengefasster Form an alle Wohnungseigentümer weitergegeben werden. Falls eine Etagenheizung ausgetauscht und eine andere Heizungsanlage installiert wurde, muss umgehend eine Wohnungseigentümerversammlung einberufen werden. Dabei wird über die Erfüllung der Anforderungen des § 71 Abs. 1 GEG beraten. Die Wohnungseigentümer müssen entscheiden, wie die Anforderungen des § 71 Abs. 1 GEG erfüllt werden sollen, und über die Fortschritte regelmäßig in der Versammlung berichten. Die Entscheidung, mindestens eine Etagenheizung beizubehalten, erfordert eine **qualifizierte Mehrheit** von zwei Dritteln der abgegebenen Stimmen und die Hälfte aller Miteigentumsanteile. Bei einer Umstellung auf eine zentrale Heizungsanlage tragen die angeschlossenen Wohnungseigentümer die Kosten entsprechend ihrer Miteigentumsanteile. Sie können auch über die Kostenverteilung von Maßnahmen im Sondereigentum entscheiden. Bei bereits vorhandenen zentralen Anlagen ist ein angemessener Ausgleich zu leisten.

7 Schutz von Mietern

§ 710 GEG behandelt Regelungen zum Schutz von Mietern im Kontext der Installation von Wärmepumpen. Im Kern besagt er, dass ein Vermieter, wenn er in einem vermieteten Gebäude eine Wärmepumpe einbaut, nur dann eine Mieterhöhung aufgrund einer Modernisierungsmaßnahme in vollem Umfang verlangen kann, wenn er nachweisen kann, dass die Jahresarbeitszahl dieser Wärmepumpe über 2,5 liegt. Ein solcher Nachweis ist jedoch nicht notwendig, wenn das Gebäude nach 1996 errichtet wurde, es den Vorgaben der Wärmeschutzverordnung von 1994 entspricht, es nach einer Sanierung zumindest den Anforderungen des Effizienzhausniveaus 115 oder 100 genügt oder wenn es mit einer Vorlauftemperatur beheizt werden kann, die bei maximal 55 Grad Celsius bei lokaler Norm-Außentemperatur liegt. Wichtig ist, dass dieser Nachweis von einem Fachunternehmen geliefert werden muss. Die Ermittlung der Jahresarbeitszahl erfolgt üblicherweise vor der Inbetriebnahme der Anlage und nicht basierend auf Werten aus dem tatsächlichen Betrieb. Falls der erforderliche Nachweis nicht erbracht wird, darf der Vermieter bei einer nur 50 % der für die Wohnung anfallenden Kosten ansetzen.

⚠ ACHTUNG

Nur wenn beim Einbau einer Wärmepumpe bestimmte technische bzw. bauliche Mindestanforderungen erfüllt sind, können Vermieter die gesamten Modernisierungskosten gemäß § 559 BGB oder § 559e BGB geltend machen. Allerdings müssen sie von den Kosten immer die Höhe der staatlichen Förderung abziehen.

Die Modernisierungsumlage für einen Heizungswechsel wird auf maximal 0,50 €/m² Wohnfläche pro Monat begrenzt.

8 Beratung und Kontrolle gemäß Gebäudeenergiegesetz 2024

Dieses Kapitel behandelt die wichtige Rolle des Schornsteinfegerhandwerks bei der Umsetzung des GEG. Der ***bevollmächtigte Bezirksschornsteinfeger*** *hat nicht nur eine* ***Kontrollfunktion****, bei der er die* ***Sicherheit*** *und Effizienz von Heizungsanlagen überprüft, sondern fungiert auch als Berater und Dokumentar. Bei Verstößen gegen das GEG setzt er dem Gebäudeeigentümer eine Frist zur Korrektur und informiert bei Nichtbehebung die Behörden. Für seine Arbeit erhebt der Schornsteinfeger Gebühren, deren Grundlage in verschiedenen Gesetzen verankert ist, unter anderem im Schornsteinfeger-Handwerksgesetz, der Kehr- und Überprüfungsordnung sowie im GEG selbst. Darüber hinaus legt das GEG besonderen Wert auf die* ***Überprüfung*** *älterer Heizungsanlagen. Sie müssen bestimmte Anforderungen erfüllen, um sicherzustellen, dass sie effizient und umweltfreundlich arbeiten. Die Überprüfung muss von Fachleuten durchgeführt werden, die in verschiedenen Handwerksberufen aufgelistet sind. Schließlich werden auch Wärmepumpen im Kapitel behandelt. Ab Ende 2023 installierte Wärmepumpen müssen innerhalb von zwei Jahren überprüft werden, wobei bestimmte Typen von dieser Regelung ausgenommen sind. Auch hier ist die Überprüfung Fachleuten vorbehalten, die eine spezielle Schulung erhalten haben. Insgesamt betont dieses Kapitel die Bedeutung von Sicherheit und Energieeffizienz im Gebäudebereich und die Rolle des Schornsteinfegerhandwerks bei der Gewährleistung dieser Standards.*

a) Rolle des Schornsteinfegerhandwerks bei der Umsetzung des Gebäudeenergiegesetzes 2024

Das Schornsteinfegerhandwerk, insbesondere in der Funktion des bevollmächtigten Bezirksschornsteinfegers, spielt eine zentrale Rolle bei der Umsetzung und Überwachung des GEG. Die Aufgaben und Verantwortlichkeiten, die dem bevollmächtigten Bezirksschornsteinfeger im Kontext des GEG zugewiesen sind, stellen sich folgendermaßen dar:

- **Umfassende Kontrollfunktionen:**
  Feuerstättenschau: Während der **Feuerstättenschau** überprüft der bevollmächtigte Bezirksschornsteinfeger, ob Heizkessel, die nach den gesetzlichen Vorschriften außer Betrieb genommen werden mussten, nicht mehr in Betrieb sind. Außerdem wird kontrolliert, ob die gesetzlich geforderte Dämmung von Wärmeverteilungs- und Warmwasserleitungen erfolgt ist und es wird überprüft, ob die Abrechnungen und Bestätigungen für die Erfüllung der Erneuerbaren Energien vorliegen.
  Bauordnungsrechtliche Abnahme: Beim Einbau einer heizungstechnischen Anlage in ein bestehendes Gebäude prüft der Schornsteinfeger, ob Anforderungen, wie bspw. das Verschlechterungsverbot nach § 57 Abs. 1 GEG, erfüllt sind. Dazu gehört auch die **Überprüfung** von Zentralheizungen auf die Anwesenheit von Regelungseinrichtungen und die Kontrolle, ob Heizkessel entsprechend den Vorschriften eingebaut wurden. Die Kontrollen umfassen auch die Überprüfung der Wärmeabgabe, den Einbau von Biomasse-Heizungen und Hybridheizungen. Für neu zu errichtende Gebäude gelten diese Prüfungen analog.
- **Beratung, Hinweise und Meldung an Behörden:** Der bevollmächtigte Bezirksschornsteinfeger ist nicht nur Kontrolleur, sondern auch **Berater:** Bei Verstößen gegen das GEG oder bei Nichterfüllung von Pflichten setzt er dem Gebäudeeigentümer eine angemessene Frist, um den Missstand zu beheben. Erfolgt keine Korrektur innerhalb dieser Frist, ist der Schornsteinfeger verpflichtet, die zuständige Behörde zu informieren.
- **Dokumentation und Eintragungspflichten:** Eine zentrale **Dokumentationsaufgabe** ist die Führung des Kehrbuchs. In dieses müssen bspw. die rechtlichen Grundlagen eingetragen werden, auf die sich ein Eigentümer bei der Installation einer neuen heizungstechnischen Anlage beruft, § 97 Abs. 2 GEG.
- **Nachweismöglichkeiten für Eigentümer:** Gebäudeeigentümer haben die Möglichkeit, ihre gesetzlichen Pflichten durch **Unternehmererklärungen** dem Schornsteinfeger nachzuweisen. Bei Vorlage solcher Erklärungen ist eine weitere Überprüfung durch den Schornsteinfeger nicht mehr erforderlich.

 **TIPP**
Zusammenfassend trägt der bevollmächtigte Bezirksschornsteinfeger durch seine vielseitigen Kontroll-, Beratungs- und Dokumentationsaufgaben maßgeblich dazu bei, dass das GEG in der Praxis effektiv umgesetzt wird. Er fungiert als wichtige Schnittstelle zwischen Gebäudeeigentümern, dem Handwerk und den zuständigen Behörden und sorgt dafür, dass die energetischen Standards und Vorschriften eingehalten werden.

b) Gebühren

Gebühren sind monetäre Entgelte, die für eine Dienstleistung oder einen Service erhoben werden, der meist von einer öffentlichen Behörde oder einem beauftragten Dritten erbracht wird. Im Kontext des bevollmächtigten Bezirksschornsteinfegers dienen Gebühren dazu, die Kosten für bestimmte, gesetzlich vorgeschriebene Tätigkeiten zu decken.

Die Erhebung von Gebühren durch den bevollmächtigten Bezirksschornsteinfeger hat ihre **gesetzliche Grundlage** im Schornsteinfeger-Handwerksgesetz (SchfHwG), der Kehr- und Überprüfungsordnung (KÜO) und dem GEG. Diese Gesetze regeln die Ausübung des Schornsteinfegerhandwerks und legen unter anderem fest, welche Tätigkeiten der Schornsteinfeger ausführen muss und für welche er Gebühren erheben darf.

Zu den gebührenpflichtigen Tätigkeiten des bevollmächtigten Bezirksschornsteinfegers gehört unter anderem die **Feuerstättenschau.** Bei dieser Aufgabe überprüft er regelmäßig sämtliche Feuerstätten innerhalb seines Bezirks auf deren Betriebssicherheit und Einhaltung gesetzlicher Vorgaben. Ziel ist es, mögliche Gefahrenquellen frühzeitig zu erkennen und sicherzustellen, dass die Anlagen umweltgerecht und effizient betrieben werden.

Des Weiteren fallen Gebühren für die **bauordnungsrechtliche Abnahme** von heizungstechnischen Anlagen an. Wenn eine solche Anlage in ein bestehendes oder neues Gebäude eingebaut wird, muss der bevollmächtigte Bezirksschornsteinfeger diese auf Konformität mit den gesetzlichen Anforderungen überprüfen. Hierbei wird kontrolliert, ob die Anlagen den technischen und sicherheitsrelevanten Vorgaben entsprechen, wie zum Beispiel Anforderungen an die Wärmezufuhr, Wärmedämmung und die Nutzung bestimmter Brennstoffe.

c) Überprüfung von älteren Heizungsanlagen

Das GEG regelt in § 60 die generelle Anforderung an die Wartung und Instandhaltung von Anlagen und Einrichtungen, die in den Bereichen Heizung, Kühlung, Raumlufttechnik und Warmwasserversorgung tätig sind. Es wird die Notwendigkeit betont, dass alle Komponenten, die maßgeblich den Wirkungsgrad dieser Anlagen und Einrichtungen beeinflussen, regelmäßig gewartet und instandgehalten werden müssen. Dabei liegt die Verantwortung für die **Wartung** und **Instandhaltung** beim Betreiber der jeweiligen Anlage oder Einrichtung.

§ 60b GEG legt detaillierte Anforderungen zur neuen Prüfung und Optimierung älterer Heizungsanlagen fest. Für Heizungsanlagen, die Wasser als Wärmeträger nutzen und nach dem 30.9.2009 in einem Gebäude mit mindestens sechs Wohnungen oder anderen eigenständigen Nutzungseinheiten installiert wurden, ist eine spezielle Heizungsprüfung und Optimierung notwendig. Diese sollte innerhalb eines Jahres nach 15 Jahren seit ihrer Installation stattfinden. Für solche Anlagen, die vor dem 1.10.2009 installiert wurden, ist die Frist bis zum 30.9.2027 gesetzt.

Die **Heizungsprüfung** stellt sicher, dass die Anlage hinsichtlich der Energieeffizienz optimiert ist. Dabei wird geprüft, ob die technischen Parameter, die für den Betrieb der Heizung eingestellt werden können, hinsichtlich der Energieeffizienz optimiert sind. Es wird ebenfalls untersucht, ob eine effiziente Heizungspumpe im System eingesetzt wird. Des Weiteren wird betrachtet, ob Dämmmaßnahmen an Rohrleitungen und Armaturen notwendig sind und wie die Vorlauftemperatur gesenkt werden kann.

Zur Optimierung solcher Anlagen könnten verschiedene Maßnahmen notwendig sein. Hierbei geht es um die Korrektur von Fehleinstellungen, die Anpassung der Heizkurven, die Aktivierung der Nachtabsenkung und die Überprüfung der Pumpeneinstellungen. Auch die Absenkung der Warmwassertemperaturen und die Information des Anlagenbetreibers über weitere Einsparmöglichkeiten und den Einsatz Erneuerbarer Energien sind zentrale Punkte.

Die Heizungsprüfung muss von einer Person durchgeführt werden, die als fachkundig im Sinne des § 60a GEG anerkannt ist. Es wird empfohlen, diese Prüfung im Rahmen anderer Tätigkeiten oder Maßnahmen, die von solchen **Fachkräften** durchgeführt werden, zu kombinieren, etwa bei Kehr- und Überprüfungsarbeiten.

Das Ergebnis der Prüfung muss dokumentiert und dem Verantwortlichen übermittelt werden. Wenn bei dieser Prüfung Optimierungsbedarf festgestellt wird, müssen die entsprechenden Maßnahmen innerhalb eines Jahres nach der Heizungsprüfung umgesetzt werden. Dieses Ergebnis und der Nachweis über die durchgeführten Maßnahmen sind bei Bedarf dem Mieter zugänglich zu machen.

Es gibt jedoch auch **Ausnahmen von dieser Prüfpflicht.** Dazu gehören Anlagen mit standardisierter Gebäudeautomation und Wärmepumpen, die bereits einer anderen Prüfung unterzogen wurden. Wenn eine solche Ausnahme in Anspruch genommen wird, müssen spezifische Nachweise vorgelegt werden.

 TIPP

Fachkundige Personen nach § 60a GEG sind:

- Schornsteinfeger gemäß Anlage A Nr. 12 der Handwerksordnung.
- Installateure und Heizungsbauer gemäß Anlage A Nr. 24 der Handwerksordnung.
- Kälteanlagenbauer gemäß Anlage A Nr. 18 der Handwerksordnung.
- Ofen- und Luftheizungsbauer gemäß Anlage A Nr. 2 der Handwerksordnung.
- Elektrotechniker gemäß Anlage A Nr. 25 der Handwerksordnung.
- Energieberater, die auf der Energieeffizienz-Expertenliste für Förderprogramme des Bundes gelistet sind.

Diese Personen müssen eine erfolgreiche Schulung im Bereich der Überprüfung von Wärmepumpen durchlaufen haben, die die in Abs. 2 genannten Inhalte abdeckt.

d) Überprüfung von Wärmepumpen

§ 60a GEG behandelt die Prüfung und Optimierung von **Wärmepumpen** in bestimmten Gebäuden.

⚠ ACHTUNG

Wärmepumpen, die ab dem 31.12.2023 in Gebäuden mit mindestens sechs Wohn- oder Nutzungseinheiten installiert oder in ein Gebäudenetz eingespeist werden, müssen spätestens zwei Jahre nach Inbetriebnahme einer Betriebsprüfung unterzogen werden.

Dies gilt jedoch nicht für **Warmwasser-Wärmepumpen** oder **Luft-Luft-Wärmepumpen.** Bei Wärmepumpen, die keiner Fernkontrolle unterliegen, ist diese Prüfung alle fünf Jahre zu wiederholen.

Die **Betriebsprüfung** umfasst eine Vielzahl von Aspekten: Es wird geprüft, ob ein hydraulischer Abgleich durchgeführt wurde, und die Regelparameter der Anlage werden überprüft, einschließlich der Einstellungen von Heizkurve, Abschalt- oder Absenkzeiten, Heizgrenztemperatur, Warmwasserbereitung, Pumpeneinstellungen und weiteren Parametern. Die Prüfung betrachtet auch die Vor- und Rücklauftemperaturen, den Füllstand des Kältemittelkreislaufs, die hydraulischen Komponenten, elektrischen Anschlüsse, den Zustand der Außeneinheit und die Isolierung der Rohrleitungen des Heizsystems.

Die Durchführung dieser Prüfung ist Fachleuten vorbehalten, die eine entsprechende Schulung durchlaufen haben. Als fachkundig gelten unter anderem Schornsteinfeger, Installateure und Heizungsbauer, Kälteanlagenbauer, Ofen- und Luftheizungsbauer, Elektrotechniker und Energieberater, die auf der Expertenliste für Bundesförderprogramme verzeichnet sind.

Schließlich müssen die Ergebnisse der Prüfung schriftlich festgehalten werden. Falls Optimierungsmaßnahmen notwendig sind, sind diese innerhalb eines Jahres nach der Prüfung umzusetzen. Mieter oder Pächter haben das Recht, sowohl das Prüfergebnis als auch Nachweise über durchgeführte Optimierungsarbeiten auf Verlangen vorgelegt zu bekommen.

e) Hydraulischer Abgleich

Der **hydraulische Abgleich** ist ein essenzieller Schritt zur Optimierung von Heizungssystemen, bei dem dafür gesorgt wird, dass Wasser als Wärmeträger im System gleichmäßig verteilt wird. Dies gewährleistet, dass jeder Heizkörper oder jede Heizfläche in einem Gebäude die benötigte Menge an Wärme erhält und effizient arbeitet. Das Ergebnis ist eine bessere Energieeffizienz, weniger Energieverbrauch und ein höherer Wohnkomfort.

Gemäß § 60c GEG müssen Heizungssysteme, die in Gebäuden mit mindestens sechs Wohnungen oder eigenständigen Nutzungseinheiten nach dem Einbau oder der Aufstellung in Betrieb genommen werden, hydraulisch abgeglichen werden. Dieser Prozess beinhaltet die Berücksichtigung aller wichtigen Komponenten des Heizungssystems und umfasst mindestens eine raumweise Heizlastberechnung, eine Überprüfung und gegebenenfalls Optimierung der Heizflächen für eine möglichst niedrige Vorlauftemperatur und die Anpassung der Vorlauftemperaturregelung.

FÜR FACHLEUTE

Die für die raumweise Heizlastberechnung anzuwendende Methode ist in der DIN EN 12831, Teil 1, Ausgabe September 2017, in Verbindung mit DIN/TS 12831, Teil 1, Ausgabe April 2020, festgelegt. Der hydraulische Abgleich selbst sollte nach dem Verfahren B der ZVSHK-Fachregel „Optimierung von Heizungsanlagen im Bestand", herausgegeben von der VdZ – Wirtschaftsvereinigung Gebäude und Energie eV, 1. aktualisierte Neuauflage April 2022, Nr. 4.2. oder einem gleichwertigen Verfahren durchgeführt werden.

Abschließend ist es erforderlich, den durchgeführten hydraulischen Abgleich zu bestätigen. Diese **Bestätigung** muss einschließlich der Einstellungswerte, der Heizlast des Gebäudes, der eingestellten Leistung der Wärmeerzeuger und anderer wichtiger Parameter schriftlich festgehalten und dem Verantwortlichen mitgeteilt werden. Bei Bedarf muss diese Bestätigung dem Mieter vorgelegt werden.

f) Nachweispflicht

In § 96 GEG werden die Pflichten von Unternehmern und Gebäudeeigentümern hinsichtlich der Dokumentation und Bestätigung von Arbeiten an bestehenden Gebäuden, insbesondere im Hinblick auf Energieeffizienz und die Einhaltung bestimmter bautechnischer Vorschriften geregelt.

Der Gesetzestext thematisiert private Nachweise für Arbeiten an Gebäuden. Wer geschäftsmäßig an einem solchen Gebäude tätig wird, muss dem Eigentümer nach Abschluss der Arbeiten schriftlich in Form einer sog. **Unternehmererklärung** bestätigen, dass die vorgenommenen Änderungen oder Einbauten den im Gesetz festgelegten Anforderungen genügen. Dabei werden verschiedene bauliche und technische Aspekte angesprochen, von der Änderung von Außenbauteilen über den Einbau von Zentralheizungen bis hin zu Systemen für Gebäudeautomatisierung. Dieser Bestätigungsmechanismus erstreckt sich auch auf die Ergebnisse bestimmter Betriebs- und Heizungsprüfungen, auf Optimierungsmaßnahmen sowie auf Bestätigungen von Wärmenetzbetreibern und auf den **Nachweis** einer signifikanten Reduktion des Endenergieverbrauchs.

⚠ ACHTUNG

Die Aufbewahrungsfrist für diese Unternehmererklärung beträgt für den Eigentümer mindestens zehn Jahre.

Sollte die zuständige Behörde nach dieser Erklärung fragen, ist der Eigentümer verpflichtet, sie vorzulegen. In bestimmten Fällen müssen in der Unternehmererklärung zusätzliche technische Informationen festgehalten werden. Bspw. könnten Informationen über die Effizienz von Heizungs- und Lüftungssystemen erforderlich sein, wobei die Grundlage für diese Angaben entweder anerkannten technischen Regeln, Herstellerangaben oder bestimmten Bekanntmachungen entspringen kann.

TIPP

Für diejenigen, die Gebäude mit Biomasse, Wasserstoff oder entsprechenden Derivaten versorgen, besteht die Verpflichtung, den Empfängern zu bestätigen, dass sie die spezifischen Anforderungen des Gesetzes erfüllen. Solche Bestätigungen dienen auch als Beleg für die Einhaltung der Vorschriften. Bei der Verwendung von Biomasse oder Wasserstoffderivaten gelten besondere Aufbewahrungspflichten: Die Abrechnungen und Bestätigungen müssen in den ersten fünfzehn Jahren nach Inbetriebnahme der Heizanlage vom Eigentümer oder vom Empfänger mindestens fünf Jahre lang aufbewahrt werden und bei Anfrage von Behörden und bei den hoheitlichen Tätigkeiten des bevollmächtigten Bezirksschornsteinfegers vorgelegt werden.

Wenn ein Gebäude mit bestimmten Energieträgern, wie bspw. Biomethan oder biogenem Flüssiggas, versorgt wird, hat der Eigentümer bei Vertragsabschluss eine Bestätigung vom Lieferanten zu erhalten. Bei Fertigstellung des Gebäudes oder beim Wechsel des Lieferanten ist es zwingend erforderlich, diese Bestätigung der zuständigen Behörde vorzulegen. Auch die Abrechnungen für diese Energieträger müssen bestimmte Bestätigungen enthalten und der Eigentümer hat diese mindestens fünf Jahre lang aufzubewahren.

g) Bußgelder

Bußgelder sind finanzielle Sanktionen, die dazu dienen, rechtswidriges Verhalten zu ahnden und zukünftige Verstöße zu verhindern.

Im GEG werden in § 108 GEG diverse **Ordnungswidrigkeiten** im Zusammenhang mit Gebäudestandards, Energieeffizienz und bautechnischen Vorschriften definiert. Hierzu gehören bspw. das nicht ordnungsgemäße Errichten von Gebäuden, fehlende Dämmungen von Geschossdecken, Nichtbeachtung von Maßnahmen zur Energieeffizienz, Unterlassungen von Betriebs- und Heizungsprüfungen, mangelhafte Ausführung von Optimierungsmaßnahmen und fehlerhafte Bestätigungen und Abrechnungen.

Zudem werden im Gesetzestext spezifische Verstöße gegen technische Anforderungen, wie das Fehlen bestimmter Einrichtungen in Zentralheizungen oder heizungstechnischen Anlagen, das nicht korrekte Einbauen oder Betreiben von Heizungsanlagen und das Fehlen von Energienachweisen, aufgeführt.

Das Gesetz definiert auch die Höhe der Bußgelder für die verschiedenen Ordnungswidrigkeiten:

- Verstöße im Zusammenhang mit dem Errichten von Gebäuden, Dämmung und bestimmten technischen Anforderungen können mit einer Geldbuße von bis zu 50.000 Euro geahndet werden.
- Verstöße, die das Durchführen von Inspektionen, das Ausstellen von Energieausweisen und andere damit verbundene Regelungen betreffen, können mit einem Bußgeld von bis zu 10.000 Euro bestraft werden.
- Eine Reihe weiterer Verstöße, wie bspw. Betriebsprüfungen von Wärmepumpen, Optimierungsmaßnahmen und bestimmte technische Standards zum Einbau neuer Heizungsanlagen, können mit einem Bußgeld von bis zu 5.000 Euro geahndet werden.

9 Energieausweise

*Der **Energieausweis** ist ein Steckbrief für Gebäude. Er vermittelt durch verschiedene Angaben ein Bild von der Energieeffizienz eines Hauses. Die Einstufung erfolgt über Energieeffizienzklassen A+ bis H und es werden Modernisierungsvorschläge genannt. Im Bestand ist ein Energieausweis bei Vermietung oder Verkauf verpflichtend. Für Neubau gilt eine generelle Energieausweispflicht. Energieausweise sind in der Regel zehn Jahre gültig.*

a) Grundlegendes zur Vorgehensweise

Ab dem 1.1.2024 darf für die **Erstellung** eines Energieausweises nur noch die **DIN V 18599** angewendet werden. Hierfür ist eine gesonderte Berechtigung (Schulung) notwendig, falls bisher die Ausstellung nur für Wohngebäude nach **DIN V 4108-6** und **DIN 4701-10** erfolgte.

Das GEG sieht in verschiedenen Fällen vor, dass für Bestandsgebäude der Jahres-Primärenergiebedarf und andere Kenngrößen in vergleichbarer Weise wie bei Neubauten berechnet werden. Der häufigste Anlass solcher Berechnungen ist die Ausstellung von Energiebedarfsausweisen. Um den Aufwand der Datenaufnahme in Grenzen zu halten, sieht § 50 Abs. 4 GEG Bekanntmachungen mit Vereinfachungen bei der **Datenaufnahme** vor. Diese Vereinfachungen sind jedoch generell begrenzt auf Fälle, in denen die genauen Werte fehlen und allenfalls mit unangemessenem Aufwand genau zu ermitteln wären. Die Bekanntmachungen geben zugleich aber auch die Grenzen vor, innerhalb derer bei Bestandsberechnungen Vereinfachungen zulässig sind (Quelle: www.bbsr-geg.bund.de/GEGPortal/DE/Rechtsgrundlage/Bekanntmachungen/Bestandsberechnungen/Bekanntmachungen-node.html).

Anwendungszwecke (nicht abschließend) dieser Bekanntmachungen sind:

- die Ermittlung fehlender geometrischer Abmessungen
- die Ermittlung fehlender Eigenschaften von Außenbauteilen
- die Ermittlung fehlender Eigenschaften der Anlagentechnik
- die Beurteilung, ob ein Wohngebäude die Anforderungen der Wärmeschutzverordnung von 1977 einhält

Auszüge aus den aktuellen Bekanntmachungen zur Datenaufnahme im Wohngebäudebestand sind im Folgenden dargestellt:

Lfd. Nr.	Maßnahme/Bauteil	zulässige Vereinfachung
1a	Fensteraufmaß	Die Fensterbreite bei Lochfassaden kann analog zu DIN 5034 mit 55 v. H. der Raumbreite angenommen werden. Die Fensterhöhe ergibt sich aus der lichten Raumhöhe minus 1,50 m.
1b	Aufmaß Außentüren	Nicht erforderlich im Fall der Anwendung von Zeile 1a (Türen sind in dem Pauschalwert für die Fensterfläche – siehe Zeile 1a – enthalten).
1c	Rollladenkästen	Fläche: 10 v. H. der Fensterfläche
2	– opake Vor- und Rücksprünge in den Fassaden bis zu 0,5 m – Brandriegel im Fassadenbereich	dürfen übermessen werden
3a	Aufzugsunterfahrten, Pumpensümpfe und vergleichbare Bauteile, die als Ausbuchtung über die sonstige thermische Gebäudehülle nach unten ins Erdreich überstehen	dürfen übermessen werden
3b	Treppenabgänge, Aufzugsschächte und Leitungsschächte, die aus dem beheizten Gebäudevolumen nach unten in einen unbeheizten Bereich führen	dürfen übermessen werden. Dies gilt nicht, wenn die Innentemperatur im unbeheizten Bereich in der Heizsaison infolge starker Belüftung (z. B. Tiefgaragen) nur unwesentlich über der Außentemperatur liegt.
3c	Treppenaufgänge, Aufzugsschächte und Leitungsschächte, die ohne wirksamen thermischen Abschluss aus dem beheizten Gebäudevolumen nach oben in einen unbeheizten Bereich führen	Für – Treppenaufgänge bis 25 m² Grundfläche und – Schächte bis 12 m² Grundfläche darf eine Ersatzfläche in der Ebene der obersten Geschossdecke liegend angenommen werden, die die gleiche Fläche besitzt wie der Treppenraum bzw. der jeweilige Schacht (einschließlich gegebenenfalls vorhandenem Aufzugsmaschinenraum), für die jedoch in Abhängigkeit von der Baualtersklasse des Gebäudes der folgende Ersatz-U-Wert anzusetzen ist: Treppenaufgänge: – bis 1918 6,8 W/(m²·K) – 1919 bis 1957 5,7 W/(m²·K) – 1958 bis 1978 3,6 W/(m²·K) – ab 1979 1,3 W/(m²·K)

Abb. 10: Auszug Tabelle 1: Geometrische Vereinfachungen und Korrekturen für den Rechengang (Quelle: www.bbsr-geg.bund.de/GEGPortal/DE/Rechtsgrundlage/Bekanntmachungen/Bestandsberechnungen/Bekanntmachungen-node.html)

Bauteil	Konstruktion	Eigenschaft	Baualtersklasse[2] bis 1978	1979 bis 1983	1984 bis 1994	ab 1995 bis 2001	ab 2002
			Pauschalwerte für Wärmedurchgangskoeffizienten U in $W/(m^2 \cdot K)$ sowie Verglasungstyp nach DIN V 18599-2, Tabelle 8				
Fenster, Fenstertüren	Holzfenster, einfach verglast	U_W	5,0	keine Angabe	keine Angabe	keine Angabe	keine Angabe
		Glas	einfach	keine Angabe	keine Angabe	keine Angabe	keine Angabe
		U_g	5,8	keine Angabe	keine Angabe	keine Angabe	keine Angabe
	Holzfenster, zwei Scheiben[3]	U_W	2,7	2,7	2,7	1,6	1,5
		Glas	zweifach	zweifach	zweifach	MSIV 2	MSIV 2
		U_g	2,9	2,9	2,9	1,4	1,2
	Kunststofffenster, Isolierverglasung	U_W	3,0	3,0	3,0	1,9	1,5
		Glas	zweifach	zweifach	zweifach	MSIV 2	MSIV 2
		U_g	2,9	2,9	2,9	1,4	1,2
	Aluminium- oder Stahlfenster, Isolierverglasung	U_W	4,3	4,3	3,2	1,9	1,5
		Glas	zweifach	zweifach	zweifach	MSIV 2	MSIV 2
		U_g	2,9	2,9	2,9	1,4	1,2

[2] Siehe Fußnote 1 in Tabelle 2.

[3] Isolierverglasung, Kastenfenster oder Verbundfenster

Abb. 11: Auszug Tabelle 3: Pauschalwerte für den Wärmedurchgangskoeffizienten transparenter Bauteile im Ausgangszustand (Quelle: www.bbsr-geg.bund.de/GEGPortal/DE/Rechtsgrundlage/Bekanntmachungen/Bestandsberechnungen/Bekanntmachungen-node.html)

Prozessbereich Verteilung Warmwasser			Kennwerte bezogen auf die Gebäudenutzfläche A_N								
			Wärmeverluste $[kWh/(m^2 \cdot a)]$			Heizwärmegutschrift $[kWh/(m^2 \cdot a)]$			Hilfsenergiebedarf $[kWh/(m^2 \cdot a)]$		
			Nutzfläche $[m^2]$			Nutzfläche $[m^2]$			Nutzfläche $[m^2]$		
Nr.	Bezeichnung	Baualtersklasse	150	500	2 500	150	500	2 500	150	500	2 500
1.1	zentrale Verteilung mit Zirkulation[4]	bis 1978[5]	68,6	47,4	38,9	12,4	14,6	15,9	1,4	0,8	0,6
1.2		bis 1978,[6] nachträglich gedämmt	41,9	35,4	33,2	12,4	14,6	15,9	1,4	0,8	0,6
1.3		ab 1979 bis 1994	27,3	22,6	21,0	8,2	9,3	9,9	1,4	0,8	0,6
1.4		ab 1995	11,6	7,6	6,6	1,7	1,9	2,2	0,8	0,3	0,1
2.1	zentrale Verteilung ohne Zirkulation[4]	bis 1978[5]	17,0	10,4	8,1	3,5	3,5	3,5	0	0	0
2.2		bis 1978,[6] nachträglich gedämmt	12,6	8,8	7,4	3,5	3,5	3,5	0	0	0
2.3		ab 1979 bis 1994	10,8	8,3	7,5	3,7	3,7	3,7	0	0	0
2.4		ab 1995	5,4	3,4	2,8	1,0	1,0	1,0	0	0	0
3.1	dezentrales System	bis 1994	3,8	3,8	3,8	2,0	2,0	2,0	0	0	0
3.2		ab 1995	1,5	1,5	1,5	0,7	0,7	0,7	0	0	0

Abb. 12: Auszug Tabelle 4: Pauschale Ansätze für die Anlagentechnik – Warmwasser nach Prozessbereichen – Berechnung nach DIN V 4701-10 in Verbindung mit DIN V 4108-6 (Quelle: www.bbsr-geg.bund.de/GEGPortal/DE/Rechtsgrundlage/Bekanntmachungen/Bestandsberechnungen/Bekanntmachungen-node.html)

Zeile	Bauteil	Aufbau des Bauteils	Ü[27] [W/(m²·K)]
	1	2	3
7	Steildach	Dacheindeckung Dachlattung Unterspannbahn Variante 1: Dämmung/zwischen den Sparren (z. B. 15 cm) oder Variante 2: Aufdopplung des Sparrens bei zu geringem Hohlraum mit Dämmung (z. B. insgesamt 18 cm) Luftdichtheitsschicht Lattung Gipskartonplatte[28]	Variante 1: U_D = 0,25 Variante 2: U_D = 0,17
8	Oberste Geschossdecke	Spanplatte Dämmstoff (8 cm) Betondecke (14 cm) Putzschicht (1,5 cm)[29]	U_D = 0,44
9	Kellerdecke - Beispiel 1	Bodenbelag (Linoleum, PVC oder Ähnliches) Magnesit-Estrich (4 cm) Mineralfasermatte (1,5 cm) Betondecke (15 cm) Putzschicht (1,5 cm) Zusätzlicher Dämmstoff (4 cm)	U_G = 0,53
10	Kellerdecke - Beispiel 2	Bodenbelag (Linoleum, PVC oder Ähnliches) Asphalt-Estrich (2 cm) Mineralfasermatte (1 cm) Rippendecke mit Füllkörpern aus Bimsbeton und Aufbeton (19 cm) Putzschicht (1,5 cm) Zusätzlicher Dämmstoff (4 cm)	U_G = 0,52
11	Kellerdecke - Beispiel 3	Hobeldielen Kohleschlackefüllung Gemauertes Kappengewölbe Stahlträger Zusätzlicher Dämmstoff (ca. 8 cm zur Ausfüllung der Kappen)	U_G = 0,34

[28] Bemerkung: Es ist eine Dämmung von mindestens 10 cm zwischen den Sparren notwendig, dies gilt ebenfalls für Auf- oder Untersparrendämmungen und für Flachdächer.

[29] Bemerkung: Ungedämmte oberste Geschossdecken (Beton- als auch Holzdecken) können den Höchstwert nach Tabelle 12 nicht unterschreiten, eine Dämmung von 8 cm ist mindestens erforderlich.

Abb. 13: Auszug Tabelle 13: Beispiele zur Unterschreitung der Höchstwerte der Wärmedurchgangskoeffizienten für Bauteile nach Tabelle 12 (Quelle: www.bbsr-geg.bund.de/GEGPortal/DE/Rechtsgrundlage/Bekanntmachungen/Bestandsberechnungen/Bekanntmachungen-node.html)

Zusätzlich zu den bereits in § 88 Abs. 1 GEG benannten Berufsgruppen, die einen Energieausweis ausstellen dürfen, sind nun auch Personen berechtigt, welche eine Qualifikationsprüfung Energieberatung bei der BAFA erfolgreich abgeschlossen haben.

b) Verschiedene Energieausweise

Der Energieausweise auf Grundlage des Verbrauchs
Der Verbrauchsausweis (der „kleine" Ausweis) bewertet den tatsächlichen Energieverbrauch der Bewohner eines Gebäudes.

Wann?

- Für Wohngebäude mit mehr als vier Wohneinheiten
- Für Wohngebäude mit Baujahr nach 1978 (oder Sanierungszustand nach 1978 angepasst)

Benötigte Informationen:

- Baujahr des Gebäudes, Heizung
- Nutzfläche
- Verbrauch des Energieträgers der letzten drei zusammenhängenden Jahre

Der Energieausweise auf Grundlage des Bedarfs
Der Bedarfsausweis (der „große" Ausweis) bewertet den theoretischen Energiebedarf, der sich aus dem Zustand des Gebäudes ergibt.

Wann?

- Für Wohngebäude mit weniger als vier Wohneinheiten
- Für Wohngebäude mit Baujahr vor 1978
- Für Neubauten (Wohngebäude und Nichtwohngebäude)

Benötigte Informationen:

- Baujahr des Gebäudes, Heizung
- Aufbau der Gebäudehülle (Außenwand, Dach, Boden)
- Informationen zur Anlagentechnik (Nennwärmeleistung, Aufstellung, Warmwasserbereitung usw.)

Energieausweis Wohngebäude

Die **Seite 1** des Energieausweises enthält allgemeine Angaben zum Gebäude, wie zB Adresse, Baujahr, Art der Anlagentechnik und ggf. die Anzahl der Wohnungen.

ENERGIEAUSWEIS für Wohngebäude

gemäß den §§ 79 ff. Gebäudeenergiegesetz (GEG) vom [1]

Gültig bis: Registriernummer: (1)

Gebäude

Gebäudetyp		Gebäudefoto (freiwillig)
Adresse		
Gebäudeteil [2]		
Baujahr Gebäude [3]		
Baujahr Wärmeerzeuger [3, 4]		
Anzahl der Wohnungen		
Gebäudenutzfläche (A_N)	☐ nach § 82 GEG aus der Wohnfläche ermittelt	
Wesentliche Energieträger für Heizung [3]		
Wesentliche Energieträger für Warmwasser [3]		
Erneuerbare Energien [3]	Art:	Verwendung:
Art der Lüftung [3]	☐ Fensterlüftung ☐ Schachtlüftung	☐ Lüftungsanlage mit Wärmerückgewinnung ☐ Lüftungsanlage ohne Wärmerückgewinnung
Art der Kühlung [3]	☐ Passive Kühlung ☐ Gelieferte Kälte	☐ Kühlung aus Strom ☐ Kühlung aus Wärme
Inspektionspflichtige Klimaanlagen [5]	Anzahl:	Nächstes Fälligkeitsdatum der Inspektion:
Anlass der Ausstellung des Energieausweises	☐ Neubau ☐ Vermietung/Verkauf	☐ Modernisierung (Änderung/Erweiterung) ☐ Sonstiges (freiwillig)

Hinweise zu den Angaben über die energetische Qualität des Gebäudes

Die energetische Qualität eines Gebäudes kann durch die Berechnung des **Energiebedarfs** unter Annahme von standardisierten Randbedingungen oder durch die Auswertung des **Energieverbrauchs** ermittelt werden. Als Bezugsfläche dient die energetische Gebäudenutzfläche nach dem GEG, die sich in der Regel von den allgemeinen Wohnflächenangaben unterscheidet. Die angegebenen Vergleichswerte sollen überschlägige Vergleiche ermöglichen **(Erläuterungen – siehe Seite 5)**. Teil des Energieausweises sind die Modernisierungsempfehlungen (Seite 4).

☐ Der Energieausweis wurde auf der Grundlage von Berechnungen des **Energiebedarfs** erstellt (Energiebedarfsausweis). Die Ergebnisse sind auf **Seite 2** dargestellt. Zusätzliche Informationen zum Verbrauch sind freiwillig.

☐ Der Energieausweis wurde auf der Grundlage von Auswertungen des **Energieverbrauchs** erstellt (Energieverbrauchsausweis). Die Ergebnisse sind auf **Seite 3** dargestellt.

Datenerhebung Bedarf/Verbrauch durch ☐ Eigentümer ☐ Aussteller

☐ Dem Energieausweis sind zusätzliche Informationen zur energetischen Qualität beigefügt (freiwillige Angabe).

Hinweise zur Verwendung des Energieausweises

Energieausweise dienen ausschließlich der Information. Die Angaben im Energieausweis beziehen sich auf das gesamte Gebäude oder den oben bezeichneten Gebäudeteil. Der Energieausweis ist lediglich dafür gedacht, einen überschlägigen Vergleich von Gebäuden zu ermöglichen.

Aussteller (mit Anschrift und Berufsbezeichnung)

Unterschrift des Ausstellers

Ausstellungsdatum

[1] Datum des angewendeten GEG, gegebenenfalls des angewendeten Änderungsgesetzes zum GEG
[2] nur im Fall des § 79 Absatz 2 Satz 2 GEG einzutragen
[3] Mehrfachangaben möglich
[4] bei Wärmenetzen Baujahr der Übergabestation
[5] Klimaanlagen oder kombinierte Lüftungs- und Klimaanlagen im Sinne des § 74 GEG

(Quelle: www.bundesanzeiger.de/pub/publication/nivvXz9fbaqaTaYx87n?2)

Registriernummer

Wer einen Energieausweis nach § 79 GEG ausstellt, hat für diesen Bericht oder für diesen Energieausweis bei der Registrierstelle eine Registriernummer zu beantragen. Die Registrierstelle ist das Deutsche Institut für Bautechnik DIBt. Die Registrierung dient auch der Qualitätssicherung, stellt die erste von drei Kontrollstufen dar und wird durch das DIBt entsprechend dem § 99 GEG als Stichprobenkontrolle durchgeführt. Die Kontrollstufen zwei und drei unterliegen der Länderaufsicht.

Es gibt grundsätzlich zwei Formen des Energieausweises: den sog. Bedarfsausweis und den Verbrauchsausweis. Beim Bedarfsausweis erfolgt die Berechnung des Energieausweises auf der Basis des Energiebedarfs des Gebäudes. Dieser kann, wenn nicht anders möglich, auf Basis festgelegter Kennwerte berechnet werden, die charakteristisch für den jeweiligen Gebäudetyp sind. Der Bedarfsausweis findet sich auf der **Seite 2** des Muster-Dokuments Energieausweis für Wohngebäude.

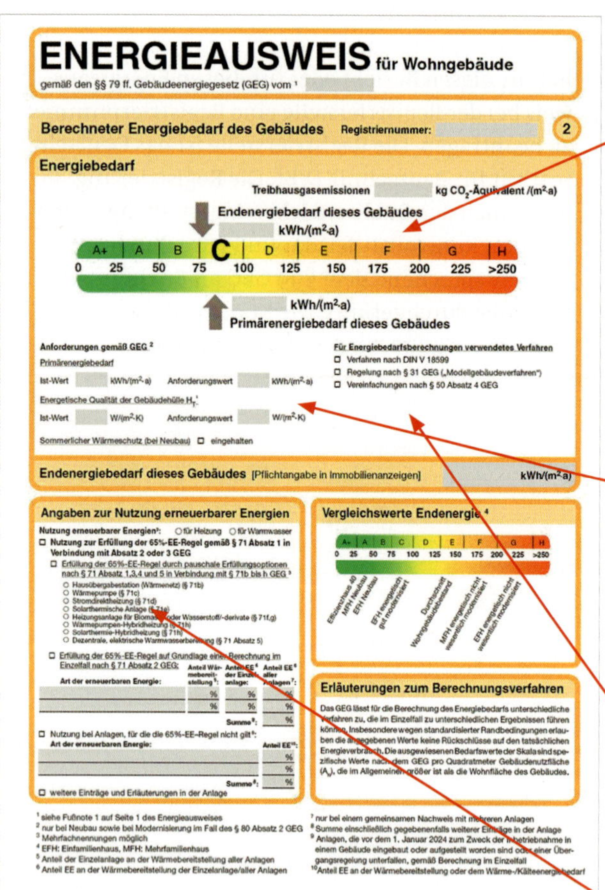

ENERGIEAUSWEIS für Wohngebäude

gemäß den §§ 79 ff. Gebäudeenergiegesetz (GEG) vom [1]

Berechneter Energiebedarf des Gebäudes Registriernummer: 2

Energiebedarf

Treibhausgasemissionen kg CO_2-Äquivalent /(m^2·a)

Endenergiebedarf dieses Gebäudes kWh/(m^2·a)

A+ | A | B | C | D | E | F | G | H

0 | 25 | 50 | 75 | 100 | 125 | 150 | 175 | 200 | 225 | >250

kWh/(m^2·a) Primärenergiebedarf dieses Gebäudes

Anforderungen gemäß GEG [2]

Primärenergiebedarf

Ist-Wert kWh/(m^2·a) Anforderungswert kWh/(m^2·a)

Energetische Qualität der Gebäudehülle H_T'

Ist-Wert W/(m^2·K) Anforderungswert W/(m^2·K)

Sommerlicher Wärmeschutz (bei Neubau) ☐ eingehalten

Für Energiebedarfsberechnungen verwendetes Verfahren

☐ Verfahren nach DIN V 18599

☐ Regelung nach § 31 GEG („Modellgebäudeverfahren")

☐ Vereinfachungen nach § 50 Absatz 4 GEG

Endenergiebedarf dieses Gebäudes [Pflichtangabe in Immobilienanzeigen] kWh/(m^2·a)

Angaben zur Nutzung erneuerbarer Energien

Nutzung erneuerbarer Energien[3]: ○ für Heizung ○ für Warmwasser

☐ Nutzung zur Erfüllung der 65%-EE-Regel gemäß § 71 Absatz 1 in Verbindung mit Absatz 2 oder 3 GEG

☐ Erfüllung der 65%-EE-Regel durch pauschale Erfüllungsoptionen nach § 71 Absatz 1,3,4 und 5 in Verbindung mit § 71b bis h GEG [3]

- ○ Hausübergabestation (Wärmenetz) (§ 71b)
- ○ Wärmepumpe (§ 71c)
- ○ Stromdirektheizung (§ 71d)
- ○ Solarthermische Anlage (§ 71e)
- ○ Heizungsanlage für Biomasse oder Wasserstoff/-derivate (§ 71f,g)
- ○ Wärmepumpen-Hybridheizung (§ 71h)
- ○ Solarthermie-Hybridheizung (§ 71h)
- ○ Dezentrale, elektrische Warmwasserbereitung (§ 71 Absatz 5)

☐ Erfüllung der 65%-EE-Regel auf Grundlage einer Berechnung im Einzelfall nach § 71 Absatz 2 GEG:

Art der erneuerbaren Energie:	Anteil Wärmebereitstellung[5]:	Anteil EE[6] der Einzelanlage:	Anteil EE[6] aller Anlagen[7]:
	%	%	%
	%	%	%
		Summe[8]:	%

☐ Nutzung bei Anlagen, für die die 65%-EE-Regel nicht gilt[9]:

Art der erneuerbaren Energie:	Anteil EE[10]:
	%
	%
Summe[8]:	%

☐ weitere Einträge und Erläuterungen in der Anlage

Vergleichswerte Endenergie [4]

A+ | A | B | C | D | E | F | G | H

0 | 25 | 50 | 75 | 100 | 125 | 150 | 175 | 200 | 225 | >250

Effizienzhaus 40 / MFH Neubau / EFH Neubau / EFH energetisch gut modernisiert / Durchschnitt Wohngebäudebestand / MFH energetisch nicht wesentlich modernisiert / EFH energetisch nicht wesentlich modernisiert

Erläuterungen zum Berechnungsverfahren

Das GEG lässt für die Berechnung des Energiebedarfs unterschiedliche Verfahren zu, die im Einzelfall zu unterschiedlichen Ergebnissen führen können. Insbesondere wegen standardisierter Randbedingungen erlauben die angegebenen Werte keine Rückschlüsse auf den tatsächlichen Energieverbrauch. Die ausgewiesenen Bedarfswerte der Skala sind spezifische Werte nach dem GEG pro Quadratmeter Gebäudenutzfläche (A_N), die im Allgemeinen größer ist als die Wohnfläche des Gebäudes.

[1] siehe Fußnote 1 auf Seite 1 des Energieausweises
[2] nur bei Neubau sowie bei Modernisierung im Fall des § 80 Absatz 2 GEG
[3] Mehrfachnennungen möglich
[4] EFH: Einfamilienhaus, MFH: Mehrfamilienhaus
[5] Anteil der Einzelanlage an der Wärmebereitstellung aller Anlagen
[6] Anteil EE an der Wärmebereitstellung der Einzelanlage/aller Anlagen
[7] nur bei einem gemeinsamen Nachweis mit mehreren Anlagen
[8] Summe einschließlich gegebenenfalls weiterer Einträge in der Anlage
[9] Anlagen, die vor dem 1. Januar 2024 zum Zweck der Inbetriebnahme in einem Gebäude eingebaut oder aufgestellt worden sind oder einer Übergangsregelung unterfallen, gemäß Berechnung im Einzelfall
[10] Anteil EE an der Wärmebereitstellung oder dem Wärme-/Kälteenergiebedarf

(Quelle: www.bundesanzeiger.de/pub/publication/nivvXz9fbaqaTaYx87n?2)

Farbskala
Die Farbskala stellt den Primär- und Endenergiebedarf des Gebäudes dar, für das der Energieausweis erstellt wurde. Mithilfe der Farbskala lassen sich die Werte für das konkrete Gebäude in die Energieeffizienzklassen für Gebäude einordnen. A+ entspricht der besten Klasse und H der schlechtesten.

Anforderungen gemäß GEG
Neubauten und bestimmte Gebäudesanierungen müssen Anforderungen durch das GEG erfüllen – zB den Primärenergiebedarf oder energetische Anforderungen an die Gebäudehülle. In beiden Fällen gilt, dass kleinere Werte einen höheren energetischen Standard darstellen.

Berechnungsverfahren
Es gibt unterschiedliche Berechnungsverfahren, auf Basis derer Energieausweise erstellt wurden. Zur Vergleichbarkeit muss das jeweilige Berechnungsverfahren nun auf den Energieausweisen angegeben werden.

Angaben zur Nutzung Erneuerbarer Energien
Dieser Abschnitt wurde zum 1.12.2023 wesentlich geändert, um den neuen gesetzlichen Anforderungen des GEG zu entsprechen. Es wird dabei in drei Erfüllungsoptionen unterschieden:

- Die pauschalen Erfüllungsoptionen nach den §§ 71b bis 71h GEG,
- die Gebäudebilanzierung nach DIN V 18599 entsprechend § 71 Abs. 2 GEG und
- die Nutzung von Erneuerbaren Energien bei Anlagen, für die die 65 %-Erneuerbare-Energien-Regel noch nicht gilt.

Der Energieausweis kann auch anhand der tatsächlichen, bzw. gemessenen Energieverbräuche erstellt werden. Dann spricht man vom Verbrauchsausweis. Der Verbrauchsausweis findet sich auf der **Seite 3** des Muster-Dokuments Energieausweis für Wohngebäude.

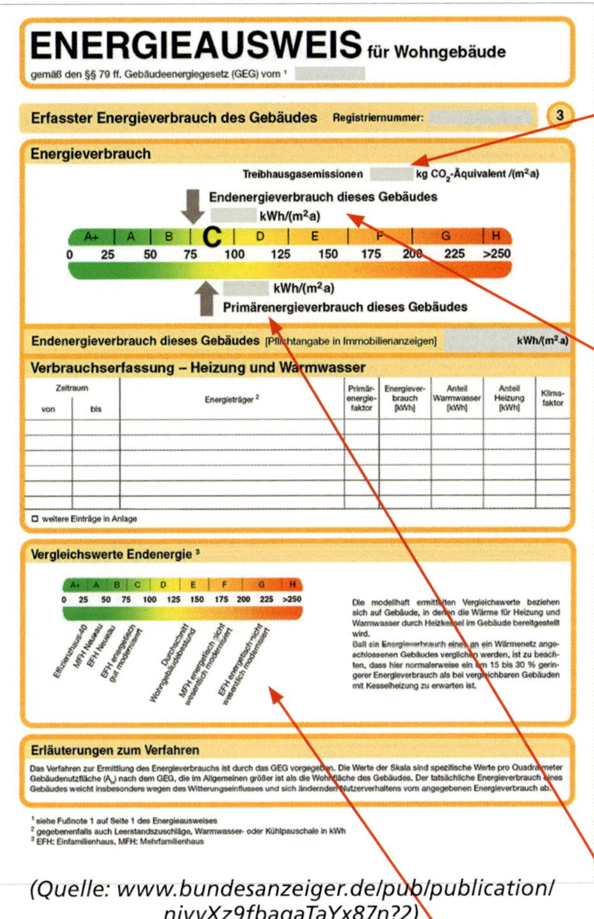

ENERGIEAUSWEIS für Wohngebäude

gemäß den §§ 79 ff. Gebäudeenergiegesetz (GEG) vom [1]

Erfasster Energieverbrauch des Gebäudes Registriernummer: 3

Energieverbrauch

Treibhausgasemissionen kg CO_2-Äquivalent /(m^2·a)

Endenergieverbrauch dieses Gebäudes kWh/(m^2·a)

A+ | A | B | C | D | E | F | G | H

0 25 50 75 100 125 150 175 200 225 >250

kWh/(m^2·a) Primärenergieverbrauch dieses Gebäudes

Endenergieverbrauch dieses Gebäudes [Pflichtangabe in Immobilienanzeigen] kWh/(m^2·a)

Verbrauchserfassung – Heizung und Warmwasser

Zeitraum		Energieträger [2]	Primärenergiefaktor	Energieverbrauch [kWh]	Anteil Warmwasser [kWh]	Anteil Heizung [kWh]	Klimafaktor
von	bis						

☐ weitere Einträge in Anlage

Vergleichswerte Endenergie [3]

A+ | A | B | C | D | E | F | G | H

0 25 50 75 100 125 150 175 200 225 >250

Effizienzhaus 40 · MFH Neubau · EFH Neubau · EFH energetisch gut modernisiert · Durchschnitt Wohngebäudebestand · MFH energetisch nicht wesentlich modernisiert · EFH energetisch nicht wesentlich modernisiert

Die modellhaft ermittelten Vergleichswerte beziehen sich auf Gebäude, in denen die Wärme für Heizung und Warmwasser durch Heizkessel im Gebäude bereitgestellt wird.
Soll ein Energieverbrauch eines an ein Wärmenetz angeschlossenen Gebäudes verglichen werden, ist zu beachten, dass hier normalerweise ein um 15 bis 30 % geringerer Energieverbrauch als bei vergleichbaren Gebäuden mit Kesselheizung zu erwarten ist.

Erläuterungen zum Verfahren

Das Verfahren zur Ermittlung des Energieverbrauchs ist durch das GEG vorgegeben. Die Werte der Skala sind spezifische Werte pro Quadratmeter Gebäudenutzfläche (A_N) nach dem GEG, die im Allgemeinen größer ist als die Wohnfläche des Gebäudes. Der tatsächliche Energieverbrauch eines Gebäudes weicht insbesondere wegen des Witterungseinflusses und sich ändernden Nutzerverhaltens vom angegebenen Energieverbrauch ab.

[1] siehe Fußnote 1 auf Seite 1 des Energieausweises
[2] gegebenenfalls auch Leerstandszuschläge, Warmwasser- oder Kühlpauschale in kWh
[3] EFH: Einfamilienhaus, MFH: Mehrfamilienhaus

(Quelle: www.bundesanzeiger.de/pub/publication/nivvXz9fbaqaTaYx87n?2)

Treibhausgasemissionen
Die mit dem Primärenergiebedarf oder dem Primärenergieverbrauch verbundenen Treibhausgasemissionen des Gebäudes werden als äquivalente Kohlendioxidemissionen ausgewiesen.

Endenergiebedarf
Der Endenergiebedarf gibt die nach technischen Regeln berechnete, jährlich benötigte Energiemenge für Heizung, Lüftung und Warmwasserbereitung an. Er wird unter Standardklima- und Standardnutzungsbedingungen errechnet und ist ein Indikator für die Energieeffizienz eines Gebäudes und seiner Anlagentechnik. Der Endenergiebedarf ist die Energiemenge, die dem Gebäude unter der Annahme von standardisierten Bedingungen und unter Berücksichtigung der Energieverluste zugeführt werden muss, damit die standardisierte Innentemperatur, der Warmwasserbedarf und die notwendige Lüftung sichergestellt werden können. Ein kleiner Wert signalisiert einen geringen Bedarf und damit eine hohe Energieeffizienz.

Primärenergieverbrauch
Der Primärenergieverbrauch geht aus dem für das Gebäude ermittelten Endenergieverbrauch hervor. Wie der Primärenergiebedarf wird er mithilfe von Primärenergiefaktoren ermittelt, die die Vorkette der jeweils eingesetzten Energieträger berücksichtigen.

Vergleichswerte Endenergie
Diese Skala dient der Einordnung des Endenergiebedarfs des Gebäudes, für das der Energieausweis erstellt wurde, und dem Vergleich mit bestimmten Gebäudetypologien.

Stellt der Aussteller des Energieausweises fest, dass bestimmte Sanierungsarbeiten zu einer energetischen Verbesserung des Hauses führen, zeigt er diese auf **Seite 4** des Energieausweises auf.

Die **Seite 5** beinhaltet Erklärungen zu den Angaben im Energieausweis, einschließlich der unterschiedlichen Berechnungsverfahren.

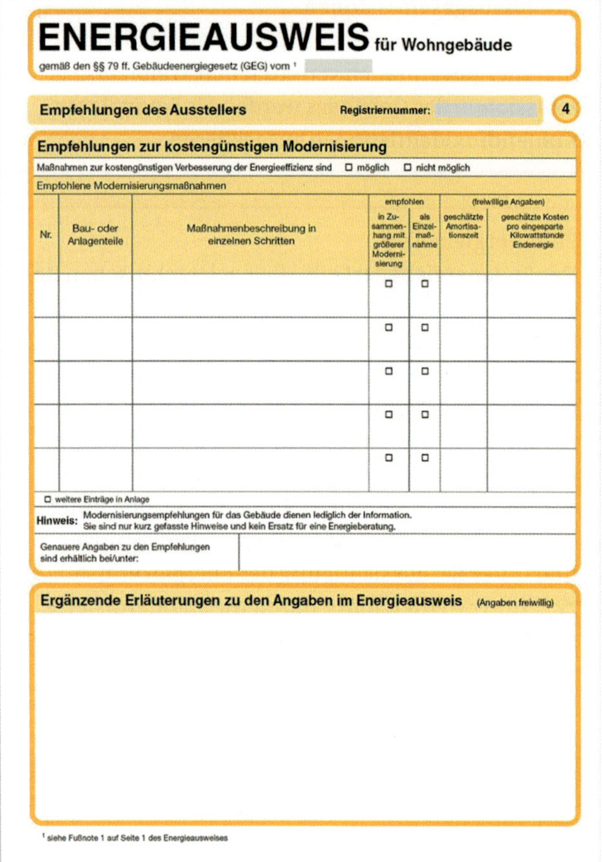

ENERGIEAUSWEIS für Wohngebäude

gemäß den §§ 79 ff. Gebäudeenergiegesetz (GEG) vom [1]

Empfehlungen des Ausstellers Registriernummer: 4

Empfehlungen zur kostengünstigen Modernisierung

Maßnahmen zur kostengünstigen Verbesserung der Energieeffizienz sind ☐ möglich ☐ nicht möglich

Empfohlene Modernisierungsmaßnahmen

Nr.	Bau- oder Anlagenteile	Maßnahmenbeschreibung in einzelnen Schritten	empfohlen: in Zusammenhang mit größerer Modernisierung	empfohlen: als Einzelmaßnahme	(freiwillige Angaben): geschätzte Amortisationszeit	(freiwillige Angaben): geschätzte Kosten pro eingesparte Kilowattstunde Endenergie
			☐	☐		
			☐	☐		
			☐	☐		
			☐	☐		
			☐	☐		

☐ weitere Einträge in Anlage

Hinweis: Modernisierungsempfehlungen für das Gebäude dienen lediglich der Information. Sie sind nur kurz gefasste Hinweise und kein Ersatz für eine Energieberatung.

Genauere Angaben zu den Empfehlungen sind erhältlich bei/unter:

Ergänzende Erläuterungen zu den Angaben im Energieausweis (Angaben freiwillig)

[1] siehe Fußnote 1 auf Seite 1 des Energieausweises

(Quelle: www.bundesanzeiger.de/pub/publication/nivvXz9fbaqaTaYx87n?2)

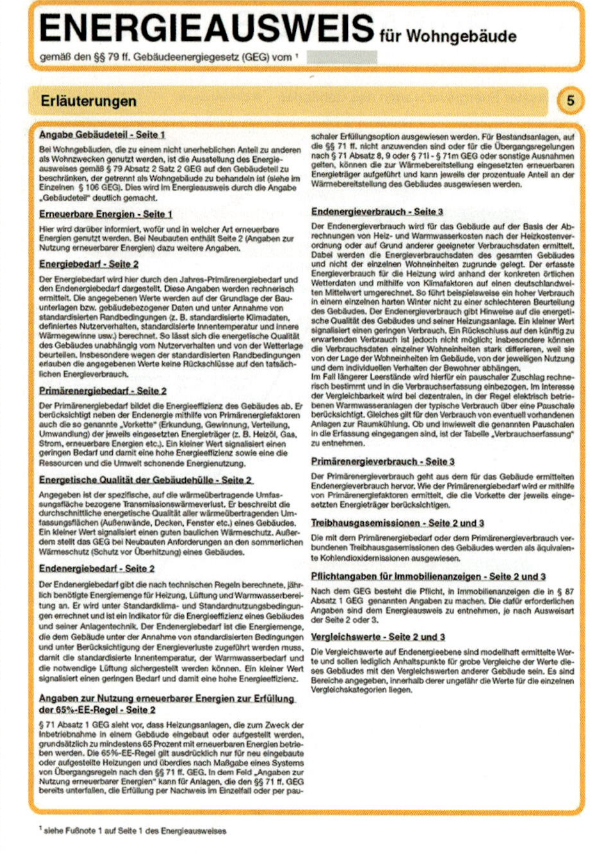

ENERGIEAUSWEIS für Wohngebäude

gemäß den §§ 79 ff. Gebäudeenergiegesetz (GEG) vom [1]

Erläuterungen 5

Angabe Gebäudeteil - Seite 1

Bei Wohngebäuden, die zu einem nicht unerheblichen Anteil zu anderen als Wohnzwecken genutzt werden, ist die Ausstellung des Energieausweises gemäß § 79 Absatz 2 Satz 2 GEG auf den Gebäudeteil zu beschränken, der getrennt als Wohngebäude zu behandeln ist (siehe im Einzelnen § 106 GEG). Dies wird im Energieausweis durch die Angabe „Gebäudeteil" deutlich gemacht.

Erneuerbare Energien - Seite 1

Hier wird darüber informiert, wofür und in welcher Art erneuerbare Energien genutzt werden. Bei Neubauten enthält Seite 2 (Angaben zur Nutzung erneuerbarer Energien) dazu weitere Angaben.

Energiebedarf - Seite 2

Der Energiebedarf wird hier durch den Jahres-Primärenergiebedarf und den Endenergiebedarf dargestellt. Diese Angaben werden rechnerisch ermittelt. Die angegebenen Werte werden auf der Grundlage der Bauunterlagen bzw. gebäudebezogener Daten und unter Annahme von standardisierten Randbedingungen (z. B. standardisierte Klimadaten, definiertes Nutzerverhalten, standardisierte Innentemperatur und innere Wärmegewinne usw.) berechnet. So lässt sich die energetische Qualität des Gebäudes unabhängig vom Nutzerverhalten und von der Wetterlage beurteilen. Insbesondere wegen der standardisierten Randbedingungen erlauben die angegebenen Werte keine Rückschlüsse auf den tatsächlichen Energieverbrauch.

Primärenergiebedarf - Seite 2

Der Primärenergiebedarf bildet die Energieeffizienz des Gebäudes ab. Er berücksichtigt neben der Endenergie mithilfe von Primärenergiefaktoren auch die so genannte „Vorkette" (Erkundung, Gewinnung, Verteilung, Umwandlung) der jeweils eingesetzten Energieträger (z. B. Heizöl, Gas, Strom, erneuerbare Energien etc.). Ein kleiner Wert signalisiert einen geringen Bedarf und damit eine hohe Energieeffizienz sowie eine die Ressourcen und die Umwelt schonende Energienutzung.

Energetische Qualität der Gebäudehülle - Seite 2

Angegeben ist der spezifische, auf die wärmeübertragende Umfassungsfläche bezogene Transmissionswärmeverlust. Er beschreibt die durchschnittliche energetische Qualität aller wärmeübertragenden Umfassungsflächen (Außenwände, Decken, Fenster etc.) eines Gebäudes. Ein kleiner Wert signalisiert einen guten baulichen Wärmeschutz. Außerdem stellt das GEG bei Neubauten Anforderungen an den sommerlichen Wärmeschutz (Schutz vor Überhitzung) eines Gebäudes.

Endenergiebedarf - Seite 2

Der Endenergiebedarf gibt die nach technischen Regeln berechnete, jährlich benötigte Energiemenge für Heizung, Lüftung und Warmwasserbereitung an. Er wird unter Standardklima- und Standardnutzungsbedingungen errechnet und ist ein Indikator für die Energieeffizienz eines Gebäudes und seiner Anlagentechnik. Der Endenergiebedarf ist die Energiemenge, die dem Gebäude unter der Annahme von standardisierten Bedingungen und unter Berücksichtigung der Energieverluste zugeführt werden muss, damit die standardisierte Innentemperatur, der Warmwasserbedarf und die notwendige Lüftung sichergestellt werden können. Ein kleiner Wert signalisiert einen geringen Bedarf und damit eine hohe Energieeffizienz.

Angaben zur Nutzung erneuerbarer Energien zur Erfüllung der 65%-EE-Regel - Seite 2

§ 71 Absatz 1 GEG sieht vor, dass Heizungsanlagen, die zum Zweck der Inbetriebnahme in einem Gebäude eingebaut oder aufgestellt werden, grundsätzlich zu mindestens 65 Prozent mit erneuerbaren Energien betrieben werden. Die 65%-EE-Regel gilt ausdrücklich nur für neu eingebaute oder aufgestellte Heizungen und überdies nach Maßgabe eines Systems von Übergangsregeln nach den §§ 71 ff. GEG. In dem Feld „Angaben zur Nutzung erneuerbarer Energien" kann für Anlagen, die den §§ 71 ff. GEG bereits unterfallen, die Erfüllung per Nachweis im Einzelfall oder per pauschaler Erfüllungsoption ausgewiesen werden. Für Bestandsanlagen, auf die §§ 71 ff. nicht anzuwenden sind oder für die Übergangsregelungen nach § 71 Absatz 8, 9 oder § 71l - § 71m GEG oder sonstige Ausnahmen gelten, können die zur Wärmebereitstellung eingesetzten erneuerbaren Energieträger aufgeführt und kann jeweils der prozentuale Anteil an der Wärmebereitstellung des Gebäudes ausgewiesen werden.

Endenergieverbrauch - Seite 3

Der Endenergieverbrauch wird für das Gebäude auf der Basis der Abrechnungen von Heiz- und Warmwasserkosten nach der Heizkostenverordnung oder auf Grund anderer geeigneter Verbrauchsdaten ermittelt. Dabei werden die Energieverbrauchsdaten des gesamten Gebäudes und nicht der einzelnen Wohneinheiten zugrunde gelegt. Der erfasste Energieverbrauch für die Heizung wird anhand der konkreten örtlichen Wetterdaten und mithilfe von Klimafaktoren auf einen deutschlandweiten Mittelwert umgerechnet. So führt beispielsweise ein hoher Verbrauch in einem einzelnen harten Winter nicht zu einer schlechteren Beurteilung des Gebäudes. Der Endenergieverbrauch gibt Hinweise auf die energetische Qualität des Gebäudes und seiner Heizungsanlage. Ein kleiner Wert signalisiert einen geringen Verbrauch. Ein Rückschluss auf den künftig zu erwartenden Verbrauch ist jedoch nicht möglich; insbesondere können die Verbrauchsdaten einzelner Wohneinheiten stark differieren, weil sie von der Lage der Wohneinheiten im Gebäude, von der jeweiligen Nutzung und dem individuellen Verhalten der Bewohner abhängen.
Im Fall längerer Leerstände wird hierfür ein pauschaler Zuschlag rechnerisch bestimmt und in die Verbrauchserfassung einbezogen. Im Interesse der Vergleichbarkeit wird bei dezentralen, in der Regel elektrisch betriebenen Warmwasseranlagen der typische Verbrauch über eine Pauschale berücksichtigt. Gleiches gilt für den Verbrauch von eventuell vorhandenen Anlagen zur Raumkühlung. Ob und inwieweit die genannten Pauschalen in die Erfassung eingegangen sind, ist der Tabelle „Verbrauchserfassung" zu entnehmen.

Primärenergieverbrauch - Seite 3

Der Primärenergieverbrauch geht aus dem für das Gebäude ermittelten Endenergieverbrauch hervor. Wie der Primärenergiebedarf wird er mithilfe von Primärenergiefaktoren ermittelt, die die Vorkette der jeweils eingesetzten Energieträger berücksichtigen.

Treibhausgasemissionen - Seite 2 und 3

Die mit dem Primärenergiebedarf oder dem Primärenergieverbrauch verbundenen Treibhausgasemissionen des Gebäudes werden als äquivalente Kohlendioxidemissionen ausgewiesen.

Pflichtangaben für Immobilienanzeigen - Seite 2 und 3

Nach dem GEG besteht die Pflicht, in Immobilienanzeigen die in § 87 Absatz 1 GEG genannten Angaben zu machen. Die dafür erforderlichen Angaben sind dem Energieausweis zu entnehmen, je nach Ausweisart der Seite 2 oder 3.

Vergleichswerte - Seite 2 und 3

Die Vergleichswerte auf Endenergieebene sind modellhaft ermittelte Werte und sollen lediglich Anhaltspunkte für grobe Vergleiche der Werte dieses Gebäudes mit den Vergleichswerten anderer Gebäude sein. Es sind Bereiche angegeben, innerhalb derer ungefähr die Werte für die einzelnen Vergleichskategorien liegen.

[1] siehe Fußnote 1 auf Seite 1 des Energieausweises

(Quelle: www.bundesanzeiger.de/pub/publication/nivvXz9fbaqaTaYx87n?2)

Analog sind die Energieausweise für Nicht-Wohngebäude aufgeführt.

Die aktuellen Muster-Dokumente für Energieausweise für Wohngebäude und Nicht-Wohngebäude werden auf dem info-Portal Energieeinsparung (www.bbsr-geg.bund.de) zur Verfügung gestellt.

c) Ausstellungsberechtigte für Energieausweise

Nach dem GEG dürfen nur Personen einen Energieausweis ausstellen, welche besondere Aus- und Weiterbildungen haben. Dies regelt § 88 GEG **Ausstellungsberechtigung** für Energieausweise. Darüber hinaus legt das GEG auch die Ausbildungsinhalte fest, die für die Schulung hin zur Ausstellungsberechtigten Person erforderlich sind.

Was ist beim Energieausweis zu beachten

Für die Berechtigung zur Ausstellung von Energieausweisen sind spezifische Berufspraxis und besondere Aus- und Weiterbildungsinhalte erforderlich. Dies trifft u.a. zu auf Architekten, Handwerker und Ingenieure.

Das Ausstellen von Energieausweisen ohne Berechtigung stellt eine Ordnungswidrigkeit dar.

Für vermietetes Wohneigentum gilt, dass die Kosten, die für die Erstellung eines Energieausweises angefallen sind, nicht umlagefähig sind. Der Preis für die Erstellung eines Energieausweises unterliegt den Bedingungen des freien Wettbewerbs.

☞ **TIPP**

Aussteller für Energieausweise sollten in ihrem Preisangebot bestätigen, dass sie zur Ausstellung von Energieausweisen berechtigt sind und weiterhin auch über eine Berufshaftpflichtversicherung verfügen.

Neben den Länderlisten der Ingenieurs- und Architektenkammern gibt es diese beiden nationalen Online-Portale, auf denen ausstellungsberechtigte Personen geführt werden:

- Die Energie-Effizienz-Expertenliste (www.energie-effizienz-experten.de). Energie-Effizienz-Experten sind zur regelmäßigen Fortbildung verpflichtet, wenn sie dort geführt werden möchten. Und nur diese sind zur Bestätigung berechtigt, die zur Beantragung von KfW-Fördermitteln benötigt wird.
- Daneben gibt es noch die Liste der Deutschen Energie-Agentur (dena; effizienzhaus.zukunfthaus.info/aussteller/suche-experten/). Dort finden sich nur Personen, die die Qualifikationsanforderungen des § 88 GEG nachgewiesen haben.
- Zur Abschätzung des energetischen Zustandes eines Gebäudes stellt die KfW-Bank einen Online-Sanierungsrechner zur Verfügung (sanierungsrechner.kfw.de). Dieser kann auch zur Plausibilisierung des Ergebnisses eines Energieausweises verwendet werden. Der Online-Sanierungsrechner ersetzt allerdings weder den Energieausweis noch eine professionelle Energieberatung.

Datenerhebung

Zur Erstellung eines Energieausweises müssen bestimmte Gebäudedaten erhoben werden. Auch wenn dies im Einzelfall sinnvoll ist, ist es nicht verpflichtend, dass diese Daten vor Ort aufgenommen werden. Der Aussteller des Energieausweis muss sich jedoch über die **Richtigkeit** der Unterlagen vergewissern.

Liegen auch keine Dokumente vor, die den bautechnischen Zustand des zu bewertenden Gebäudes darlegen, kann der Aussteller auf einen von BBSR zur Verfügung gestellten Datensatz zurückgreifen. Dieser spiegelt den Mindeststandard, der zur Bauzeit verfügbaren Bauprodukte aus der jeweiligen Bauteilkategorie wider.

10 Ausblick und Zukunftsperspektiven

Das GEG hebt hervor, dass aufgrund der notwendigen Treibhausgasneutralität der Betrieb von Gebäuden von überragendem öffentlichem Interesse ist und der öffentlichen Sicherheit dient. Hier wird deutlich gemacht, was offensichtlich ist: Das Emittieren von CO_2 führt zur Klimaerwärmung und somit zu Klimafolgeschäden.

Das GEG treibt die Entwicklung hin zu einem klimaneutralen Gebäudebestand weiter voran. In dieser Novellierung, die zum 1.1.2024 in Kraft tritt, wird der Pfad einer Gebäudebeheizung ohne den Einsatz von fossilen Energieträgern ab dem Jahr 2045 skizziert. Zu diesem Zweck wurden zahlreiche Erfüllungsoptionen und Übergangsfristen geschaffen, die einen technologieoffenen Ansatz verfolgen. Weiterhin regelt das GEG, wie Gebäude unter Berücksichtigung der energetischen Qualität errichtet und betrieben werden dürfen.

Begleitend zum GEG wird die Fördergeldlandschaft zum 1.1.2024 verändert. Ziel ist es, sowohl den Neubau, die Sanierung alter Gebäude als auch den Zubau von 400.000 neuen innerstädtischen Wohnungen zu fördern.

Es ist offensichtlich, dass das GEG stetig weiterentwickelt werden muss, um die gesteckten Ziele zu erreichen und dies wirtschaftlich vertretbar zu gestalten.

Ob die Gebäudesanierung weiterhin gefördert oder ordnungsrechtlich geregelt werden muss, hängt im Wesentlichen von den Energiebezugspreisen sowie von den CO_2-Kosten ab.

Sachverzeichnis